ソーシャル
グッドビジネス
最前線

～サステナブル経営の道しるべ～

猪狩淳一

毎日新聞出版

はじめに

「ソーシャルグッド」「SDGs」「ウェルビーイング」といった言葉が人口に膾炙するようになって久しいが、脱炭素、貧困、格差、ダイバーシティー、地域振興など、社会に存在する課題に取り組むこと自体は今に始まったことではない。

私もこれまで、新聞記者として、ビジネスマンとして、個人として、こうした社会課題にかかわってきた。特に最近は地方創生の事業に取り組む中で、企業活動と、公益性の狭間で、ジレンマに苦しむ経験もしてきた。企業としては、収益を上げることが事業の絶対条件であるが、社会課題を解決するという取り組みの中で、利益を追求するという行為がうまく折り合わないような感じがしていた。

だが、社会課題を解決することをビジネスとして成立させることが、社会だけでなく、企業そのものの持続可能性を高めることにつながっていくのは紛れもない事実だ。そして、それを実現している企業や団体も数多く存在する。

そんな先達たちが、どんなきっかけで、どんな思いを持っているのか、具体的な事例を知ることが、企業が持続していくヒントになるのではないか、という問題意識で、今回の取材に臨んだ。

取材に協力していただいた企業・団体は、業種や企業規模など非常にバラエティーに富んでいて、取り組んでいる課題も、「事業承継」「国際交流」「地域社会の維持」「地域医療」などさまざまだが、共通しているのは、みなさんがそれぞれの課題にポジティブに取り組んでいることだ。

代々続いた企業を受け継ぎ、さらに発展させた方、自身の可能性を信じて、新天地に飛び込んだ方、企業で働く中で課題を見つけて自ら起業した方など、いずれも自らの力を信じて、前を向いて、道を切り開いていくパワーがみなぎっていたのが印象的だった。そんな人たちだからこそ、コロナ禍などの厳しい状況にあっても、確かな足取りで歩んでいけるのだと感じた。

本書執筆中の2023年4月から、毎日新聞の社会問題を考え行動を起こすプロジェクト「ソーシャルアクションラボ」(https://socialaction.mainichi.jp)の編集長を務めることになった。このプロジェクトは、「知る」「伝える」「行動する」の3ステップで、社会的な課題に取り組むことを目的としており、サイトでは「水害」「SDGs」「いじめ」「子育て」といったテーマの記事を掲載している。本書と併せて、社会を少しでも良い方向に動かすヒントになれば幸いである。

最後に、本書の制作進行を担当した水谷香織さん、毎日新聞出版の村井浩之さん、何より多忙の中、取材にご協力いただいたみなさんに心から感謝を申し上げたい。

二〇二三年五月　猪狩淳一

Contents

Contents

序章

1 ソーシャルグッドとは

世界的な気候変動、新型コロナウイルスをはじめとする感染症、ロシアのウクライナ侵攻などの国際紛争という地球規模の問題から、少子高齢化社会の進行、格差社会、景気の後退など国内課題が山積する現在、企業も利益を追求するだけではすまなくなっている。

そこで企業に問われているのが、「ソーシャルグッド（Social Good）」のコンセプトだ。地球環境や地域の「社会」に対して良い影響を与える取り組みを形容する時に使われる言葉で、企業活動の場では、元々「社会貢献」という取り組みがあったが、近年では、「CSR（社会的責任）活動」や「SDGs（持続可能な開発目標）」「ESG＝環境（Environment）、社会（Social）、ガバナンス（Governance）」「ウェルビーイング」などの言葉と合わせて語られることが多い。

これまで企業と社会の関わりでは、「CSR」のように直接収益にはつながらない、寄付やボランティアのような形の活動が中心だったが、「SDGs」「ESG」「ウェルビーイング」のように、ビジネスの中で社会的課題の解決に取り組むことで、企業の成長やブランディングにつなげていくことが、世界のビジネストレンドになっている。

こうした考え方は欧米から入ってくるもののように感じられるが、実は日本でも古くからビジネスと社会の関わりについての考え方がある。それが、近江商人の「三方よし」の理念だ。

近江商人は、近江（現在の滋賀県）発祥の商人の総称で、八幡、高島、日野、湖東、湖北から全国に行商を行っていた。地縁、血縁が全くない他国での商売には、信頼が不可欠で、売り手だけが利益を上げるだけでなく、買い手もよいものが安く買えたという満足を得られて、さらに地域で暮らす人々の幸福につながることで長く続く。そうした考え方から、「売り手によし、買い手によし、世間によし」という「三方よし」の理念が生まれたという。

近江商人の研究を続ける滋賀大学の宇佐美英機・名誉教授によると、現在の伊藤忠商事の創業者である初代伊藤忠兵衛（1842〜1903年）が近江商人の理念を元に、「商売は菩薩の業、商売道の尊さは、売り買い何れをも益し、世の不足をうずめ、御仏の心にかなうもの」という言葉で伝えたという。

伊藤忠商事は2020年、「持続的な企業価値向上と社会課題の解決を同時に図るSDGsの理念に通じるものであり、当社の約160年に亘る発展の礎をなしています。その下で『ひとりの商人、無数の使命』を実践することにより、グループ全体の結束力を更に高め、次の160年に向けた企業価値創出を目指していきます」として、「三方よし」を改めて企業理念に置いている。

伊藤忠商事以外にも「三方よし」は、パナソニックグループの創業者で、経営の神様と呼ばれる松下幸之助も、大阪・船場の丁稚奉公から身を起こした経験から、近江商人の理念を商売の源流として、「企業は社会の公器」であるという幸之助の経営哲学へと発展していった。

「三方よし」にある「世間によし」は、まさに「ソーシャルグッド」の考え方で、日本では古くからビジネスの中で大事にされたもので、その後の偉大な経営者たちにも連綿と引き継がれている理念だ。それが、「SDGs」や「ウェルビーイング」などの言葉を通じて改めて見直す、「温故知新」の機会を持っているとも言えるだろう。

2 SDGsとは

「SDGs」は、持続可能な開発目標（Sustainable Development Goals）の頭文字を取ったもので、2001年に策定されたミレニアム開発目標（MDGs）の後継として、2015年9月の国連サミットで加盟国の全会一致で採択された「持続可能な開発のための2030アジェンダ」に記載された国際目標のことだ。

具体的には、2030年までに持続可能でよりよい世界を目指すための17のゴール・169のターゲットから構成され、地球上の「誰一人取り残さない（leave no one behind）」ことを誓って、発展途上国と先進国の双方が取り組むものとしている。

17のゴールは、①貧困や飢餓、教育など未だに解決を見ない社会面の開発アジェンダ、②エネルギーや資源の有効活用、働き方の改善、不平等の解消などすべての国が持続可能な形で経済成長を目指す経済アジェンダ、そして③地球環境や気候変動など地球規模で取り組むべき環境アジェンダという世界が直面する課題を網羅的に示したもので、前身のMDGsが主として開発途上国向けの目標だったのに対し、SDGsは、先進国も含めた普遍的（ユニバーサル）な目標となっているのが特徴だ。

このSDGsは、2017年の「ダボス会議」で、SDGs達成により12兆ドルの経済効果と、最大3億8000万人の雇用が創出されると推計が出されたことで、一躍脚光を浴び、企業経営にとってSDGsは新たな成長の機会としてとらえられるようになった。

日本でも政府が2016年5月に「SDGs推進本部」を設置し、中長期戦略である「SDGs実施指針」を策定。さらに、全省庁による具体的な施策を盛り込んだ「SDGsアクションプラン」を毎年策定し、

SUSTAINABLE DEVELOPMENT GOALS

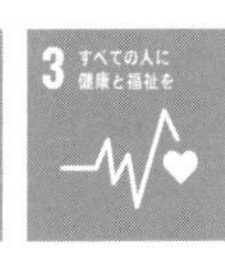

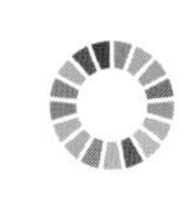

国内における実施と国際協力の両面でＳＤＧｓを推進している。また、民間、ＮＧＯ・ＮＰＯ、有識者、国際機関、各種団体などで「ＳＤＧｓ推進円卓会議」を開催して、官民のパートナーシップによる取り組みの加速を目指している。

3 ウェルビーイングとは

「ウェルビーイング」(well-being)とは、辞書的には、「幸福」「健康」の意味で、１９４６年、ＷＨＯ（世界保健機関）設立者の1人、スーミン・スー博士がＷＨＯ憲章の前文で、「Health is a state of complete physical, mental and social well-being and not merely the absence of disease or infirmity.（健康とは、病気ではないとか、弱っていないということではなく、肉体的にも、精神的にも、そして社会的にも、すべてが満たされた状態にあることをいいます＝日本ＷＨＯ協会訳）」と言及しており、「すべてが満たされた状態」と定義されている。

米世論調査会社ギャラップが世界１５０カ国を対象にした調査では、ウェルビーイングの五つの要素を以下のように導き出している。
・Career Well-being：仕事に限らず一日の大半を費やすキャリアでの幸せ
・Social Well-being：人と良い関係を築いている幸せ
・Financial Well-being：経済的な幸せ
・Physical Well-being：心身が健康である幸せ
・Community Well-being：地域社会との関わりでの幸せ

さらに、2015年に「SDGs」のゴールの3に「Good Health and Well-being」と示されて注目度が増した。日本でも2021年に政府の「成長戦略実行計画」の中で、「国民が Well-being を実感できる社会の実現」の項目を挙げ、「成長戦略による成長と分配の好循環の拡大などを通じて、格差是正を図りつつ、一人一人の国民が結果的に Well-being を実感できる社会の実現を目指す」とするなど、国民が幸せを感じられる社会が進むべき日本の方向として示されている。

こうしてウェルビーイングが注目されるようになった背景には、GDP（国民総生産）を指標として、利益や売り上げなどの経済指標を優先してきた結果、格差の拡大や地球環境の悪化などさまざまな問題が起き、このウェルビーイングなどを指標としてGDPを再検討する「Beyond GDP」と呼ばれる議論が起きていることが挙げられる。

企業活動の中でも、「働き方改革」や「健康経営」が進められ、ウェルビーイングの視点がより重視されるようになってきた。さらに新型コロナウイルスの感染拡大によるリモートワークの普及などの「新しい生活様式」が進み、コミュニケーション不足によるメンタルヘルスが課題となるなど企業内でのウェルビーイングへの意識が高まっている。

4 ソーシャルグッドに取り組むメリット

企業や団体がソーシャルグッドに取り組むメリットは何か。環境省は、SDGsの活用によって広がる可能性として「企業イメージの向上」「社会の課題への対応」「生存戦略になる」「新たな事業機会の創出」の四つのメリットを挙げている。

電通が2023年に実施したSDGsに関する生活者調査によると、SDGsの認知率は91・6%。「内容まで含めて知っている」と回答した人が40・4%で、2018年の第1回調査から11倍以上に増加し、79・3%が、SDGsに対して企業が積極的に取り組むと、「良い印象が強くなる」「好感度が上がる」などの影響があると回答している。

このように企業のブランド力を強化させるのはもちろん、従業員や取引先などのステークホルダーからの印象が良くなり、「この会社で働きたい」という印象を与えることで、多様な人材の確保にもつながる。さらに、社会課題に対応することは経営のリスク回避につながり、社会や地域に貢献することで企業の信頼が向上する効果が期待できる。

また、ビジネス面でも社会課題解決型のビジネスには、金融機関などが「SDGs・ESGファイナンス」の整備を進めるなど資金調達にもつながり、新たな取引先や事業パートナーの獲得、新たな事業創出などイノベーションを生む土台になる可能性も持っている。

こうしたメリット目当てに社会課題に取り組むというより、社会課題を解決する企業・団体になることそのものが、自身の持続可能性を高めることになるのが最大のメリットといえるだろう。

笑いが求められるところ、笑いを通じて伝えていけるところに寄り添う

吉本興業ホールディングス株式会社

代表取締役社長CEO 岡本(おかもと) 昭彦(あきひこ)

1966年生まれ。1991年天理大学外国語学部卒業、吉本興業入社。吉本新喜劇の担当やダウンタウンのマネジャーなど歴任し、2015年専務。2016年副社長、2019年から現職。

Purpose 1 ≫ 笑いの力を信じる

2022年4月2、3の両日、「なんばグランド花月」（大阪市中央区）で開かれた吉本興業創業110周年特別公演「伝説の一日」。大トリとなる「さんまの駐在さん」のエンディングに登場した社長の岡本昭彦は、明石家さんまら芸人たちに囲まれ、「笑いの力を信じて精いっぱい頑張っていきます」と述べた。

3日の第3回公演のラストに登場したダウンタウンは、何を演じるのか全く明かされていなかったため、舞台袖では多くの芸人たちが息を潜めて2人を見守っていた。2人が舞台に現れると、舞台の真ん中に「サンパチマイク」と呼ばれるマイクが上がり、舞台袖で芸人たちから思わず、「漫才だ」と声が漏れた。2人は31年ぶりとなる漫才を披露したのだ。岡本社長は「マイクが出てくるだけで、誰もが『漫才』と分かる。吉本の根幹となるコンテンツ」と明かす。

1912（明治45）年4月、吉本泰三、せい夫妻が大阪・天満の寄席

【事業内容】TV・ラジオ、ビデオ、CM、その他映像ソフトの企画・制作および販売、劇場運営、イベント事業、広告事業、不動産事業、ショウビジネス、その他商業施設の開発・運営
【創立】1912年
【従業員数】868人、所属タレント約6,000人
【URL】https://www.yoshimoto.co.jp/

小屋「第二文芸館」の経営を始める。3年後の15年に大阪・ミナミの由緒ある寄席「蓬莱館」を買い取り、「花月亭」と改名したのを機に「吉本興行部」が次々と寄席を傘下に収め、「花月」と名付けて展開。500人以上の芸人を抱え、劇場経営と芸人のマネジメントというビジネスモデルを確立する。

だが、当時演芸の中心だった落語は、大衆からの支持を失い始めていた。そこに、掛け合いで賀詞を述べる「千秋万歳」を祖とする「万才」が登場して、人気を集めた。そして30(昭和5)年、横山エンタツ・花菱アチャコがコンビを結成。洋服姿でマイクの前に立ち、当時大人気だった大学野球をテーマにしゃべる「早慶戦」が大ヒットし、「漫才」が一世を風靡(ふうび)した。岡本社長は「和服で落語や浪花節をやっていた時代に、洋装した2人がマイクの前で時事ネタをしゃべくる。ものすごい発明だったと思う」と語る。この〝発明〟がその後の吉本の隆盛のカギとなる。

Purpose 2 ≫ お笑いで天下を取る

1980年4月1日、「THE MANZAI」(フジテレビ系)が放送された。カラフルなセットとポップな音楽で、横山やすし・西川きよし、オール阪神・巨人らが登場し、スピード感あふれる笑いを展開。同年末放送の第5回は関東32・6%、関西45・6%という驚異的な視聴率を記録し、漫才ブームを巻き起こす。

吉本興業は東京連絡所を開設して、芸人たちの東京進出の足がかりとし、81年に始まった「オレたちひょうきん族」（同）で、島田紳助や明石家さんまらが大人気となった。岡本昭彦社長は「芸人にとって全国ネットのテレビはドリームの場所だった」と語る。

吉本は45年6月、空襲で各地の劇場が焼失したため花菱アチャコを除く芸人を専属から〝解放〟する。戦後、社業を再開し、映画上映などで復活を果たす。59年3月1日、うめだ花月劇場（大阪市北区）のオープンと同時にテレビ放送を開始した毎日放送が、新喜劇の前身「吉本ヴァラエティ」と漫才、落語を中継した。お笑いがコンテンツとしてテレビの中核を担う先駆けとなった。

69年に深夜ラジオから若者の人気を博していた笑福亭仁鶴と桂三枝（現文枝）を司会とする「ヤングおー！　おー！」（毎日放送）が全国放送された。吉本が劇場中継以外で制作を担当する初の全国ネット番組となり、桂文珍やさんま、オール阪神・巨人ら吉本芸人が全国デビューし、テレビを通じて人気者を全国に輩出するスタイルが確立された。

そして82年、「吉本総合芸能学院（通称・NSC）」が開校。第1期生のダウンタウンは

86年に開設された「心斎橋筋2丁目劇場」で爆発的な人気を博す。その後、ナインティナインら卒業生が次々と東京へ進出していく。岡本は「銀座や渋谷にも劇場を作ったが、テレビ番組を収録して、テレビで活躍させるための場所という位置付けだった」。テレビを起点に〝お笑いで天下を取る〟時代がやってきた。

Purpose 3 ≫ コロナ禍を超える

2023年2月28日、東京ドームシティ（東京都文京区）に、新劇場「IMM THEATER」が24年1月にオープンすると発表された。「IMM」は、マネジャー的な役割を務める明石家さんまの座右の銘「生きてるだけで丸もうけ」の頭文字で、お笑い以外にも演劇などさまざまなエンターテインメントを発信する。岡本昭彦社長は「劇場を起点に、リアルはもちろん、デジタルの環境を通じて、世界中が笑顔になるコンテンツを発信するプラットフォームにしたい」と語った。

吉本興業は、劇場から生まれたお笑いというコンテンツをテレビから発信していくことで成長してきたが、インターネットでの発信が徐々に比重を高めている。16年には、ダウンタウンの松本人志発案の「ドキュメンタル」がネットで独占配信された。18年には、キングコングの梶原雄太がユーチューバー・カジサックとしてデビューし、チャンネル登録は240万超に。岡本は「彼は、テレビ番組をほとんどやめて、365日ユーチューブに費やして独自のスタイルを構築した」と評価する。

劇場とネットの関係もコロナ禍で変わる。20年のM－1グランプリ王者マヂカルラブリーが21年元日に無観客配信したライブがネットで話題となり、1万7000人以上が有料視聴した。岡本は「自分たちが面白いと思うことを表現して、見られた分だけマネタイズされるプラットフォームができて、チャレンジするようになった」と言う。吉本興業は同年、各種サービスの名を「FANY」ブランドに統一し、ライブ配信などデジタルサービスを強化。22年の110周年記念特別公演「伝説の一日」の配信チケットの売り上げは12万枚を超えた。

キーワード》時代に寄り添う

次の100年に向け、岡本は「笑いが求められるところ、笑いを通じて伝えていけるところに寄り添っていく」。時代に寄り添い〝笑売〟繁盛、まだまだ続く。

健康志向の高い人たちに最新のフードサイエンスを届ける

株式会社サンブリッジコーポレーション

ファウンダー/取締役 **アレン・マイナー**

1961年米ユタ州生まれ。ブリガムヤング大学を卒業後、87年に日本オラクルの初代代表として来日。1999年日本オラクル株式公開後、サンブリッジを設立してスタートアップへの投資を始める。国内ベンチャー業界における投資家及び起業家としての地位を確立した。日本ベンチャーキャピタル協会（JVCA）設立当時から理事を務めるほか、2018年にNPO法人生態会を大阪に設立し、理事長を務める。

Purpose 1 》IT黎明期をけん引

ＪＲ恵比寿駅（東京都渋谷区）から徒歩3分、オフィスビルが建ち並ぶ街の一角に、〝プラントベース（植物由来）〟という独自のコンセプトで展開しているコンビニエンスストアが昨年オープンした。オーナーは、日本オラクル初代社長で、ベンチャーキャピタリストとしてＩＴ企業を中心に数々のＩＰＯ（新規株式公開）を実現してきた〝スーパー投資家〟アレン・マイナーだ。

米ユタ州に生まれ、大学時代にコンピューターサイエンスと出会い、プログラマーとして、世界初の商用データベースを開発したオラクルの最初の新卒社員として入社する。

アレンは、19歳になるときに日本に宣教師として約2年間赴任した経験を持っていた。日本進出を進めていたオラクルから、その経験を買われて、入社2年目に日本オラクルの初代社長に抜てきされた。その後、クラウド型ビジネスアプリケーション「Salesforce」の日本進出を支えるなど、日本のＩＴ業界を黎明期からけん引する存在として活躍してきた。そして1999年、

【事業内容】投資事業、不動産事業
【創立】1999年
【URL】https://liveweller.jp/（WELLER）

日本オラクルのＩＰＯで得た資金を元に、スタートアップ投資をするためサンブリッジを設立した。ベンチャーキャピタリストとしても世界的に名を馳せ、これまで数々のベンチャー企業に投資してきた。

Purpose 2 》 健康になるコンビニ

スーパー投資家として、ビジネスに人生をかけてきたアレンだったが、2020年11月、がんを発症してしまう。その時、アレンの母の「食生活を見直すべき」というアドバイスがアレンの人生を変えた。母は、72歳の時に心臓発作で緊急手術を受けたことを機に、それまでのフライドポテトやチョコレートなど脂肪分の多い食生活を改め、プラントベースの食事に切り替えていた。

「母は、何度も食事を変えるように勧めてくれていたのですが、聞き流していました。自分ががんになって、初めて真剣に耳を傾けました」といい、母が推薦する医学博士のウィリアム・リー氏の講演を聴き、専門書を取り寄せて研究し、野菜だけの「ホールプラントダイエット」に取り組み、抗がん剤治療の甲斐もあって、がんは無事寛解、糖尿病などの生活習慣病も改善した。「米国では病気と食生活の研究が進んでいるにもかかわらず、その研究成果が日本でほとんど知られていない」と危機感を抱き、世界の食科学のトレンドや実状を熱心に調べて、実践を始める。

「退院しても都内のヴィーガンレストランに通ったりしましたが、毎日行くわけにもいかない。ヴィーガンの食材を扱ってるスーパーはほとんどないし、毎日のお昼はコンビニで野菜スティックと梅おにぎりの繰り返しだった」といい、「それで、生活習慣病にならないための、また回復するための、プラントベースのお弁当やオーガニック食品など健康になる食品しか売っていないコンビニがあったらいいと思って、結局自分で作りました」と笑う。

Purpose 3 ≫ より良く、より健康に

アレンは、自然食専門のスーパーを20年間切り盛りしていた専門家を仕入れ担当に迎え、できるだけリーズナブルな価格設定で無添加やオーガニックな食品を提供して、毎日の食事に健康志向を取り入れてもらおうとした。さらにキッチンを併設し、作りたてのお弁当

や お惣菜を提供。アレン自身が苦労した経験から、「買ってすぐに食べられる」手軽さを大事にしているという。

玄米と穀物をベースとしたおにぎりは1個160円とリーズナブルでおいしいと大人気で、全く肉を使わない「プルコギ（風）丼」や白身魚の代わりにのりで磯の風味を出した「フィレオフィッシュ風バーガー」などが自慢のメニューだ。「おにぎりは最初パサパサだったけど、シェフがいろんな工夫をしてくれた。フィレオフィッシュは試食した瞬間に『これ本当に魚が入ってないの？』って驚いたくらい」と自信を見せる。

店名の「ＷＥＬＬＥＲ」について、「『wellness』には健康という意味があるの

で、『er』をつけて、もっと健康で、もっとおいしく、もっと便利に、という店になるように付けました」と笑う。

キーワード 架け橋

アレンは、ベンチャーキャピタルを創業する時、アメリカと日本の間を架ける橋という意味で「サンブリッジ」という社名にした。そしていま、日本で食事を改善して健康になろうという人が増えていることを知り、「健康志向の高い人たちに最新のフードサイエンスを届ける『架け橋』の役割を務めたい」と願っている。

日本を支える中小企業の人たちをIT導入で助けたい

ネクストリード株式会社

代表取締役 小国（おぐに） 幸司（こうじ）

1972年秋田県生まれ。1993年IT黎明期に基幹系開発エンジニアとしてキャリアをスタートし、長くIT業界で活躍。2001年日本マイクロソフト入社、エグゼクティブプロダクトマネジャーなどを経て2016年から独立。2017年ネクストリード株式会社を設立。俯瞰的ながら現場に寄り添い、成果を生み出す「本質的」な視点のデジタル推進支援に定評がある。

Purpose 1 》未来の働き方

現在、経営戦略で無視できないデジタルトランスフォーメーション（ＤＸ）。ネクストリードは、その戦略策定から実行までを併走しながら支援する事業を展開している。代表の小国幸司は、小学生の時、ファミリーコンピュータを見て、プログラムを動かしたいと思った。「これから情報産業が広がって、情報技術者が１００万人不足すると聞いて、最短で行こうとプログラムに特化して勉強した」とシステムエンジニアの道を選んだ。

システム開発会社を経て、マイクロソフトに入った小国は「３年ぐらい真剣に開発をやったけど、センスがないなと思いました。逆にお客様に説明するとき、周りよりうまく説明できたので、技術上がりで、ビジネスクリエートができたら面白いなと思った」と、ウィンドウズやオフィスの企業向けのサポートなどから、パートナー開拓の仕事やソリューションの提案を担当するようになった。そして、現在テレワークのツールとして知られる「マイクロソフトチームス」の前身となる「Ｓｋｙｐｅ ｆｏｒ Ｂｕｓｉｎｅｓｓ」

【事業内容】 1. ビジネス開発・マーケティング支援・各種コンサルティング
2. 社内プロジェクト運営支援　3. その他　構造化、説明支援
【創立】 2017年
【URL】 https://nextread.co.jp/

の製品マネジャーとなり、テレワークなど新しい働き方ができるというシナリオを描き、日本で盛り上げるプランニングなどを手がけた。「中学生向けに、未来はこういう働き方ができるよ、という体験をしてもらったりしました。その子たちももう働いていると思います」と振り返る。

さまざまな反響がある中、小国は疑問を持つようになったという。「テレワークなどの働き方の提案に、最初は30社ぐらい、その後約600社から反応があった。みな現場で困っていて、ITで解決できるのに、届いていない。特に中小企業の前線で頑張っている人へ届いていないと実感して、何とか助けたいと思った」。

マイクロソフトという大企業での限界も感じた小国。「本当にいい会社で、これ以上の環境はないと思ったが、看板が大きいだけに50歳を超えて、それがなくなった時にどうなるか不安に思った」と明かす。そして、「日本を支えている中小企業の人たちがITを取り入れないで困っているのを、一気に解決できるわけではないが、少しずつでも助けられれば」と独立を決意した。

Purpose 2 ≫ 企業のＤＸ

独立した小国は、ＩＴの導入に課題を抱える企業に対し、〝目利き〟をしてベンダーなどをつなぐという事業を手がけたが、「自分が戦略を立てたものと、違うサービスを売られることもあった。今はクラウドのソリューションなどの〝武器〟が転がっていて、それをチョイスするだけでもいい。自分で責任持って、実行までしたい」と感じるようになった。「主役はＩＴではなく、製造業などの顧客のみなさんだが、『ＩＴは難しい』と距離を取っているようにも思える。このミスマッチを解消するために、経営と現場それぞれの解を顧客組織の中の目線で整理するお手伝いをする」

手段から会話しがちなＩＴを「目的」から整理していくため、その組織にとっての「本質的な成果」を出すことを優先し、場合によってはＩＴとは関係ない答えが出るケースもあるという。

小国は「技術は大幅に進化しＩＴも成熟してクラウドでＩＴの武器を手に入れ易くなったのもあり、正しい理解のためにそのガイドをするだけでも大きく成果が上がる。とにかく皆さんすべて複雑に考え過ぎなので、業務含め『シンプル化』することが多い。昔ながらの働き方などが形骸化していて、そもそもどういう課題があって、ニーズはどんなものか、ＩＴの使いどころが分かっていない。そこを一つ一つモダンにしていく感じです」と説明する。

最近のＤＸブームなどには違和感を持っているという。「テレワークやＤＸって、ＩＴ業界の言葉遊びに皆さんが引きずられて、言葉の正解を探して、どうしようと悩み始めると本質を見失う。ＤＸを目的にしてはダメ。時代が進み、人が減って、価値観も技術も変わっていく中で、どういう武器を取ってそれを業務に転換するかが大事」と提言する。

そんな思いを分かりやすいキーワードで伝えられないかと開発されたのが、「クラウド秘密基地™」のサービスだ。組織の課題やニーズを探る「戦略・コンサルティング」と、それを実現する武器となる「デジタル」の活用を同時に実現し、最大限の効果を得るため、子供の頃に、信頼する仲間たちと作った「秘密基地」のような場所をクラウド上に構築して、パートナーと連携して、社員がワクワクしながら業務の改善に取り組むというものだ。小国は「みんなで集まって、宝探しをするみたいなイメージです」と胸を張る。

Purpose 3 ≫ 企業の意識、文化の変革

国土交通省のテレワーク人口実態調査で、コロナ前の2018年までは13～16%で推移していたテレワーカーの割合が、2020年は23%、21年には27%と一気に普及した。長年テレワークに関わってきた小国は「コロナ前、なぜテレワークができないのか調べると、3つのカテゴリーに分類された。一つが制度とかルール、二つ目がITインフラ、そして最後が意識文化の壁でした。前の二つは、お金とやる気があれば乗り越えられる。制度ルールがなくても整備すれば終わり。今回のコロナでその潮目が変わって、強制的にやらなければならなくなった。最後の意識文化の壁がテレワーク導入に失敗する最大の理由になります」と分析する。

さらに「どうしてもコミュニケーションが希薄になるので、私達もそういう意味では完成されてなくて、日々トライアンドエラーです。ただ私が経営者としてできることっていうのはもう意識統一しかない」と語る。

小国は、課題を抱える経営者に対し、社内の意識や文化を変えるために、他社の事例などを紹介しながら一緒に考えていく姿勢を続けている。「お客様というよりも、対等なパー

トナーとして伴走していきたい。本気で変わろうとしている経営者でないと、いくらお金をもらってもお互いに不幸になる。そこは徹底していて、僕らを信用して一緒にやってくれれば、能力的にできないことでも、一生懸命何とかやりたいと思って頑張るのです」と明かす。

クライアントとともに歩んでいくという小国は、流通業や製造業をはじめ多種多様な企業のデジタル戦略を支援し、クラウド技術を活用したデータプラットフォームの構築などの実績を残している。「パートナーとしての共感というか、信頼があり、社員の働きやすさにつながるような提案をして、それを長く使ってもらってハッピーと言われるのが一番いい。ＩＴ技術に企業を寄せるのではなく、ＩＴを企業に寄せる。それが大事」と説く。

キーワード》内燃動機

小国は事業を継続するのに重要なキーワードとして「内燃動機」を挙げた。「人間のモチベーションは、『死にたくない』という根源的なものから始まって、『ニンジンをぶら下げる』、つまりインセンティブで上がる。ただ一番は自分から生まれたモチベーションで、ずっと続きやすい」と内面からの動機付けの重要性を強調する。「ＩＴは技術が重視されがちだけど、お客さんと折衝したい人もいれば、社内調整が好きでそこに時間を使いたい人もいて、それぞれの多様性を尊重すべきだと思う。興味があることや好きなことをやってもらうことが大事」と優しい笑顔でスタッフを見守り、それぞれのやる気を引き出すのだ。

「エンジニアファースト」にこだわる

株式会社エーエスエル（Advanced Solution Leading Co.,Ltd）

代表取締役社長 平出（ひらで） 浩太郎（こうたろう）

1975年東京都品川区生まれ。國學院大學経済学部卒業。1999年に株式会社システム情報に入社し、さまざまな大規模システム開発を経験。ライン部長職からPMO室長、事業推進部長、事業企画室長などを歴任し、2015年に株式会社エーエスエルの常務取締役に就任。功績を認められ2017年12月から現職。

Purpose 1 》事業継承

エーエスエルは、1980年創業。ウェブ・オープン系アプリケーションの設計・開発や各種インフラ設計・構築、コンサルティングサービス（PMO）などシステム開発全般を事業としている。2015年、株式会社システム情報にM&Aされた際には、創業者である当時の代表の辞任に伴い、平出浩太郎が同社から代理の経営者として出向し、事業承継を進めていった。

「M&Aした当時は、業績も社内の雰囲気もあまりよくなかった」。そう感じた平出が最初に取り組んだのは「社員アンケートの実施」だった。「会社に対する不満について匿名でアンケートを取り、それを全部直していきました」。

毎月「懇親会費」の名目で徴収されていた3000円に対して、「何に使われているのか」と疑問が出たので廃止するなど、些細なことから徹底的に改善していった。

一方で、「元々あった企業文化は尊重した」といい、人事や組織などには

【事業内容】WEB/オープン系アプリケーション設計・開発、各種インフラ設計・構築
【創立】1980年
【従業員数】350人
【URL】https://www.asl.co.jp

ほとんど手を付けなかった。「社員の中には、逆に『これで変わる』と救世主のように期待してくれた人も多かった。従来の企業文化は尊重しつつ、構造的な部分は少しずつ変えていかないと危ない、と肌感覚で分かりました」と話す。

経営面では、営業の人材が不足していたことが業績悪化の原因と分析。平出自ら営業を担当し、一定の利益が出たところで、まずは営業の採用に着手し、経営の安定を図った。「利益を出せるようになるまでの最初の数カ月は大変でした。当時まだ30代で、社内でも若い方だったので、反発もあるかと覚悟していましたが、経営が安定すると、みんなが社長としての実力を認めてくれて、意外と他の会社より事業承継としてはスムーズだったかもしれません」と振り返る。

Purpose 2 心のケア

業績が上向くと、次にエンジニアの確保が課題となった。

「既にエンジニアを採用するのがすごく難しい状態でした。2016年ごろから本格的に採用を始めましたが、求人倍率が非常に高く、特徴のない会社では採用が成功することは絶対にない。コンセプトを明確にしたブランディングが必要でした」

そこで平出が打ち出したコンセプトが、「エンジニアファースト」だ。

「元々自分自身が、いわゆる〝炎上プロジェクト〟の火消し係のようなことを何回もやっていたので、プロジェクトメンバーがうつ病になってどんどん倒れたり、家庭が壊れてしまったりするケースを目の当たりにし、社員の幸せが重要だと痛感していた。ちょうど働き方改革も進められていたので、『エンジニアファースト』をコンセプトにしました」という平出は、このコンセプトの下、以下の3点について重点的に取り組んだ。

・キャリアを形成してあげること
・プライベートの充実を図ること
・社員同士のエンゲージメント向上を図ること

プライベートの充実のために、まず、業績手当を支給するなど待遇面の改善に取り組んだ。そして何より社員の心のケアにも細心の注意を払った。

「エンジニアは基本的にクライアント先に常駐しているので、放っておかれると『このまま仕事をしていて、スキルアップできるのか』と不安になったり、クライアントからの要求が過大になったりすることがある。これをケアしてあげないと、心を病んでしまったり、辞めてしまったりする」

その対策として、営業担当者とエンジニアのランチミーティングを定期的に実施するほか、チャットで気軽に相談できるようにした。「報告しやすい環境を作ってあげることが大事。毎週、社員の週報はすべて経営会議で見ています。また私自身、怖いと思われないように注意しています。そうすれば最後は私に直接相談してもらえるので」と明かす。パワハラなどのクライアントとエンジニアのトラブルがあれば、社長自ら乗り出すこともあるという。

Purpose 3 ≫ ブランディング

ブランディングを重視する平出は企業理念を

〝活かす〟企業

個を活かす

声を活かす

縁を活かす

に定め、会社のイメージアップにも力を入れた。

「最初は平均年齢も高く、女性社員も一人しかいませんでした。若い人や女性にも受けるように、ロゴからホームページまですべて作り直して、かわいいノベルティーも作りました」と苦笑いする。

オフィスのインテリアやデザイン、香りなどにも気を使っている。センスのある社員の意見を聞きながら、平出自ら家具店やインテリアショップに行って、おしゃれな雰囲気のオフィスに仕上げた。「バックオフィスの社員はもちろん、社外に常駐しているエンジニアにも好評

です。何より求人での反応がすごく良くて、応募数や内定承諾率が確実に上がりました。初期投資はかかりますが、広告などよりも効果的なんです」とうれしそうだ。
コロナ以前には社員旅行を実施するなど、社員同士の交流の場を作ることにも積極的だ。その一環として、2022年8月には東京・赤坂に社員専用のレストランバーを開設。社内交流や顧客の接待に活用している。「すべて社員の声がきっかけです。『飲み会を開いてほしい』とか『派遣先と交流をしたい』というので、誰かが企画をして、人を集めて……と考えると、店を作って、そこで原価で食べたり飲んだりできる方が、かえってお金もかからないし、社員も顧客も喜ぶ」と語る。
こうした努力が実を結んで、毎年紹介などを中心に60人以上の採用を続け、当初45人だった従業員数も現在350人を超えている。

「外向けのブランディングも大事ですが、インナーブランディングも重要だと思う。おかげでリファラル（紹介）での採用が進み、中には姉妹で入社してくれた社員もいます」と自信を見せる。

キーワード≫「社員の幸福度向上」

平出はサステナブルな企業であり続けるキーワードとして、「社員の幸福度向上」を挙げた。「『エンジニアファースト＝社員の幸福度向上』というコンセプトを社員にも徹底することが一番大事。そのためには社員と真剣に向き合う。入社面接もすべて自分がやっていて、コンセプトをぶれることなく伝え、理解してくれる人を採用しています」と成功の理由を語る。

年間売上約4億円で赤字だった会社を、年間売上22億5000万円、営業利益2億8000万円にまで再生した平出。「企業の目的を『売上と利益を上げる』にしている会社があまりにも多い。目的を『社員の幸福度向上』にすれば、結果的に売上と利益が上がる。この図式を崩さないようにしていきたい」と真っすぐ前を見据えていた。

楽をするのは簡単で、常に前向きに頑張ることが大事

株式会社ナニワ電装

代表取締役 北中（きたなか） 一男（かずお）

1964年８月14日大阪府生まれ。幼い頃から父が経営する姿を見続けていた。 大阪府立布施工業高等学校電気科を卒業後、新卒で入社した会社は１年半で退職し、30歳まではコンピューター会社で会社員を経験。その後父親が経営するナニワ電装に入社。2005年10月に会社を法人化した後、引退した父に代わって代表取締役に就任し、現在に至る。

Purpose 1 》どん底からの継承

自動車のカーナビやETC、ドライブレコーダーなどの電子機器部品の取り付けなどを請け負うナニワ電装。代表取締役の北中一男は、工業高校の電気科を卒業したが、父が創業した会社をすぐには継がなかった。コンピューター会社に就職し、約10年のサラリーマン生活を送った後、父と弟とともに働き始めた。「当時はバブル全盛の好景気で仕事も潤沢にあったのですが、1年半ぐらいでバブルがはじけて、仕事が全くなくなって、当然収入もなくなりました」と苦笑する。

会社の立て直しを図りながら、ピザの宅配のアルバイトとのダブルワークを余儀なくされる。「目の前にあることに全力で取り組むしかないので、アルバイト先でトップを目指しました」と振り返る。この苦しい日々に耐える生活は約10年続いたが、次第に景気が回復し、少しずつ仕事が入るようになっていったという。

そして40歳を過ぎて、当時個人経営だったナニワ電装を法人化、父に代わっ

【事業内容】自動車電装品取付、自動車ボディーバフ掛け、塗装仕上げ
【創立】2005年
【従業員数】150人
【URL】https://www.naniwa-densou.co.jp/

て代表取締役に就任した。「元請けから業者も60歳定年制を導入しないと、ふるいにかけられるかもしれなかったので、高齢の父に代わって自分が代表になって法人化するしかなかった」と明かす。

経営の経験もなく、約20人いた従業員とその家族の生活を守らなければならないというプレッシャーを感じながら、代表の座についた北中は「不安しかありませんでした」と振り返るが、税理士の協力も得て、現場で経営を学び、会社の立て直しに着手する。

何よりも重要だったのが人材確保だった。「今日来て明日できるような仕事じゃないので、とにかく長く働き続けてもらわないといけない。でも父は昭和の人間だったので、『気に入らなかったら辞めろ』というような感じで、傍で見ていて、それをまず変えていきました」といい、初任給のアップなど従業員の待遇改善に経営資源を注ぎ込んだ。「最初の3～4年は本当につらくて、いろいろな融資を受けたりして、何とかしのぎました」と述懐する。

Purpose 2 ≫ 人材の育成

法人化して5年ほどたつと、元請けの自動車メーカーが自動車オプションの取り付け作業をアウトソーシングに切り替えていった影響で受注量が増え始める。経営も安定し、少しずつ規模を拡大。リース車のナビの取り付けなどの外注も積極的に受けていったことから、大手各社からの発注が入るようになっていった。

北中はここでも人材の重要性を強調する。「新しい取引先に頼りない人材を送ってしまうと信頼を損ねかねないので、会社全体のスキルを底上げして、新規にはある程度経験を積んだ人材を送れるようにしています」といい、「そのためには、仕事が見つかってから人を採用して育てたのでは間に合わない。先手必勝というか、先に人材を育成しておかないといけない」と語る。

北中は、従業員のスキルアップについて、「取り扱っている車種は、大衆車から高級車までさまざまなので、担当を入れ替えて、普段扱わない車種を触ってもらいます。ただ、忙しいときに教育するのは難しいので、閑散期で余裕がある時に入れ替えるようにしています」と説明する。

従業員もグループを含めて150人程の規模に急拡大し、メーカー各社の工場などに分かれているため、マネジメントも変わってきたという。「規模が小さい頃は皆同じところにいたので、大丈夫でしたが、いまは各所にリーダーを置いて、そのリーダーの責任を明確にして、コミュニケーションをしっかりとってもらうようにしています」といい、「問題がある場合はきちんとリーダーに伝えてもらうように徹底して、リーダー間で解決できることはしてもらい、できないことはその上席の者に判断してもらうという形で、公の場で解決しようと伝えています」という。

社員同士のコミュニケーションを重視する北中は、慰安旅行を実施したり、年末には従業員の家族をホテルに呼んでパーティーを開いたり、という取り組みもしてきた。だが「コロナ禍になってから一切できなくなった」と残念がる。

Purpose 3 ≫ 職場の多様性

コロナ禍の影響は、従業員の多様化にもつながっているという。最大の変化は、女性従業員が急増したことだ。「アパレルや飲食などの接客業にダメージがあったので、仕事が激減したようで、その影響もあって女性の応募が増えました」と驚く。

女性の増加は職場にもさまざまな変化をもたらしている。これまで女性は現場にはほとんどいなかったが、現在は約1割が女性になっている。男性が多かった現場に女性が入るため、従業員の連絡先など個人情報の管理なども徹底しなければならなかったという。「遅刻や休みの連絡も、人を決めて、その人以外には電話をしないようにしたり、かかってきた電話の番号も着信履歴から消してもらったり、問題が起きないようにお願いしています」と気遣っている。産休や育休の制度もきちんとあるため、現在3人が育休を取っており、復帰も予定しているという。

女性の増加による好影響も多いという。「男女全く同じ仕事をしてもらっており、全体的な体力はやはり男性には負けるものの、集中力の高い女性が多いという印象で、戦力として非常に期待できる」と評価する。

多様化という意味では、ベトナムからの技能実習生も受け入れている。採用枠は12人といい、「一度に来てもらうと、みんな一緒に帰国してしまうので、1年を3クールに分けて、4人ずつ入ってもらおうと思っています」という。さらにベトナム出身の従業員がいるため、実習生との橋渡し役としてコミュニケーションを図っている。

こうして多様な人材を活用しているが、ものづくりの現場の人手不足は深刻だ。これまでは求人サイトなどを使って募集していたが、絶対数が見込めないため、派遣会社を使って、最長6カ月の派遣期間終了後に、本人と企業の合意のもとに社員となる紹介予定派遣で求人を行っているという。「仕事はいっぱいあるので、とにかく募集をかけて、きちんと教育をして現場に行ってもらうことに力を入れています」と語る。

キーワード

楽をするのは簡単で、常に前向きに頑張ることが大事

北中は「100年後も続く会社にしたい」といい、そのためのキーワードとして「楽をするのは簡単で、常に前向きに頑張ることが大事」という言葉を挙げた。

「現場で作業をしていたころ、周りで同じ仕事をしてる人に負けたくなかった。どうやったら早くなるか、と改善や工夫する意識を常に心がけていました。楽をするのは、誰でも簡単にできますが、周りからは見えてしまうので、前に進むという意識を忘れないようにしていかないと」と力を込める。

厳しい状況の中、会社を受け継いだとき、この思いを持ち続けることで、立て直しができたといい、「従業員もそれぞれの現場で、自分が社長だというつもりで前向きに頑張ってほしい」と願っている。

渋谷駅2・5キロ圏を結び
エンターテインメントシティーに

東急不動産ホールディングス株式会社

代表取締役 西川(にしかわ) 弘典(ひろのり)

1958年北海道生まれ。慶應義塾大学卒業、1982年に東急不動産入社。リゾート事業本部資産企画部統括部長などを経て2017年同社副社長執行役員。2020年から現職。

Purpose 1 ≫ フェース・トゥー・フェース

コロナ禍で社会が激変する中、感染拡大が始まった10年後（2030年）から逆算してグループビジョンをまとめた東急不動産ホールディングス（HD）。社長の西川弘典は「WE ARE GREEN」のスローガンの下、「環境経営」と「デジタルトランスフォーメーション（DX）」を全体方針に掲げ、拠点都市の東京・渋谷再開発にも取り組んでいる。

西川が社長に就任したのは2020年3月、新型コロナウイルスの流行が始まった時だった。「とにかくお客様と従業員の安全確保を最優先したので、BtoCは大きな影響が出て、大幅減益になった。一方、不動産価格は、逆にコロナ禍の余剰資金が回り、不動産仲介、オフィスなどが伸びて、復活できた。コロナ禍では、特にデジタル化と働き方改革が急激に進んだ。渋谷はデジタルコンテンツ系のテナントが多く、在宅勤務を奨励し、オフィス不要論も出て、冷や汗をかいたが、結局フェース・トゥー・フェースでコミュニケーションが必要ということで、戻ってきたので一安心した」と振り返る。

【事業内容】東急急不動産、東急コミュニティー、東急リバブル、東急住宅リース、学生情報センターの主要5社を中心としたホールディングス
【創立】2013年
【従業員数】87人（連結：21,276人）
【URL】https://www.tokyu-fudosan-hd.co.jp/

Purpose 2 ≫ 不動産業界のデジタル化

ＢｔｏＣ事業の業績に大きな影響が出て、就任早々の決算では大幅な減収減益を余儀なくされた。そんな厳しい状況の中で西川は、新たなビジョンを掲げた。「コロナ禍での変化が読み切れなかったが、社内外に対して方向性を示すために、10年後こうなっていたいというバックキャスト発想で、『グループビジョン２０３０』を作り、ＤＸと環境経営を掲げた。デジタル化はコロナ禍で加速度的に進み、環境にどれだけ貢献しているかが、企業と商品とサービスが選ばれるものさしになる。不動産業のデジタル化は緒に就いたばかりだが、情報を中心にグループ内バリューチェーンを組み直そうと思っている」と語る。

Purpose 3 ≫ 環境経営

東急不動産は１９９８年に環境ビジョンの基本理念を策定し、２０１４年には新規事業として太陽光発電など再生可能エネルギーに投資を始めた。そして、長期ビジョンで「ＷＥ ＡＲＥ ＧＲＥＥＮ」をうたい、「価値を創造し続ける企業グループ」を目指すとしている。「14年に太陽光発電にいち早く着手し、さいたま市の全家庭の消費分となる約

1300メガワットを発電できるようになった。電気事業者を除けばトップクラスの発電能力で、25年までに倍増させたい。また、企業活動に必要な電力を再生可能エネルギー100%とする『RE100』は今年中に達成する。大規模開発で地元や複雑な許認可体系をまとめ、総合的なまちづくりをするデベロッパーとしてのノウハウが生きた」と自信を深めている。

キーワード≫グレーター渋谷

東急グループ全体として「グレーター渋谷構想」を掲げ、職住遊の機能に加え、国際医療施設やサービスアパートメント、子育て支援施設を導入予定の「渋谷駅桜丘口地区」や、オフィス機能に加え歩行者ネットワークや広場空間の拡充など、街のにぎわい創出を目指す「渋谷二丁目17地区」など大規模な渋谷再開発を進めている。「『100年に1度の事業』として始めたが、国や区、地元の協力を得て順調に進んでいる。『グレーター渋谷構想』として、渋谷駅を中心に2・5キロ圏の表参道、原宿、代官山、中目黒、代々木などの点を線で結んでいこうとしている。広尾や松濤などの高級住宅地や表参道などの商店圏があり、それをつなげるといろいろな文化が生じてくる。渋谷は大手町などのように機能が明確ではないが、24時間さまざまな世代を集客できる『エンターテインメントシティー渋谷』としての機能を強めてきたので、インバウンドが戻ってくるのが非常に楽しみだ」と期待している。

忠実に、ブレずに人間尊重、相互信頼、共存共栄

鈴興株式会社

代表取締役 鈴木（すずき） 博彦（ひろひこ）

1981年静岡県生まれ。中学卒業後、プロサッカー選手を目指しブラジルに渡り、プロのユースチームに所属したが、２年目に網膜剥離を発症して帰国。右目を失明し、闘病生活を送った後、2000年に家業である鈴興株式会社へ入社。現場職、営業職、管理職を経て、2016年に代表取締役就任。

Purpose 1 ≫ 挫折からの継承

鈴興は1970年、世界的な自動車用アルミホイールメーカー、エンケイの創業者で、鈴木博彦の祖父・建次氏が商社機能会社として設立した。エンケイは1950年創業で、アルミニウムを使って、湯たんぽや小型バイクの内燃機器部品の製造を行っており、当時鉄製が一般的だった自動車用のホイールをアルミで製造して米国に輸出していた。そのアルミ製ホイールの国内流通を鈴興が手がけ、グループの国内工場向けに燃料や油脂材料、資材品、工業薬品、金属材料、電化製品など1000種類以上の商材を扱っている。

鈴木は、中学校を卒業後、プロサッカー選手を目指してブラジルへ渡ったが、プロ契約目前に右目を失明して、失意のまま帰国。しばらく闘病生活を送った後、2000年に鈴興に入社し、現場を経験した。2016年に父である先代が65歳になったのを機に一線を退く決意をして、35歳の若さで後を継いだ。

【事業内容】燃料、油脂、工業薬品、金属、工業資材、照明の販売。各種工事・保守点検。アルミホイール、車用オプションパーツの販売など
【創立】1970年
【従業員数】25人
【URL】http://suzukoh-970.co.jp/

就任当初の意識について、「一番気をつけたのは言葉。当然、元上司や先輩もいました。むしろ年下の社員の方が少なかった。その中で引っ張っていこうとすると、上から言ったのでは通用しない。『実るほど頭（こうべ）を垂れる稲穂かな』というか、今までと変わらないように接することを一番意識しました。ただ、周りも取引先も見方も変わってきますし、同じことを言っても伝わり方も全然違うので、少しずつ軌道修正しながら進めないといけないと思いました」と語る。

こうして船出をした鈴木は「今となっては、35歳の若さで代表に就任した事がプラスになったと思う」と振り返る。頭の中が凝り固まる前に、切り替えられる柔軟性を持って、業務にフレキシブルに対応できたといい、周囲の助けを借りながら、試行錯誤を繰り返し、理想の経営者像を目指して歩み始めた。「祖父の代から大切にしている、従業員や取引先を第一に考え、アクションを起こし、業務を行うということだわりがあったからこそだと思う」と述懐する。

Purpose 2 ≫ コロナ禍でのコミュニケーション

継承をしながら、変革も模索している。「例えば取引にしても、飲んで麻雀して決めるような昔ながらの取引のやり方は段々通用しなくなってきました。それがいい時代もあったのでしょうが、私自身もお酒もギャンブルもしないので、まず健康に気をつけようというところから徐々に始めていって、少しずつ取引先にも分かってもらった。石の上にも3年じゃないですけれども、4～5年目から少しずつ自分の思うように伝えられるようになった気がします」と振り返る。

「伝え方は苦労した」という鈴木は、「先代はあまり表に出るタイプではなく、会議の時にしか出てこないっていうようなスタイルを取っていましたが、そのやり方を180度変えて、全部自分が出るようにしました。以前は言わなくても分かるという社員が多かったのですが、今の世代は『背中見て付いてこい』では通じない。全部言葉にして具体的に伝えていかないと、なかなか分かってもらえない。自分より若い人たちに対してもしっかり同じ目線に立って、ちゃんと言葉として伝えることは意識しました」と語る。

ようやく自分の思いが通じ始めたころ、コロナ禍を迎える。コミュニケーションを大切

にする鈴木だったが、忘年会や新年会などの集まりはもちろん、時差出勤やリモートでの会議など、直接のコミュニケーションができなくなる。「『感染に気をつけて』と言っていた自分が真っ先にコロナに感染してしまい、ちょっとズッコケてしまいましたが、時差出勤などを取り入れ、会議も普通の会議はせず、数字の報告などはメールで行うことで、1～2時間の節約になったので、これまで業者にお願いしていた発送作業を社内でできるようになりました」と新たな働き方に取り組んできた。

そんな苦労をしながらも鈴木は、毎日朝礼を開いて、経営者や哲学者の話をしたり、笑いをテーマに話をしたりしてメッセージを発信している。「ここ2～3年間、コロナ禍で少し暗い雰囲気が続いたので、ちょっと笑わせてみたり、いろいろ試行錯誤をしました。みんなマスクをつけていて、表情が見えなかったので、やりにくさはありましたが工夫しました」と笑顔を見せた。

Purpose 3 ≫ 社員のウェルビーイング

サステナブルな経営として、ＳＤＧｓやウェルビーイングにも力を入れる鈴木は、自身が網膜剥離で失明した経験から、特に健康面で気を遣っている。入社した当時は、社員が社内で喫煙をするのが当たり前になっていて、先代も大の酒好きだったというが、鈴木は医師から酒もたばこも止められていた。「時代は変わって分煙化も進んでいるので、社内で『全面禁煙にしよう』と話をさせてもらって、ほとんどの社員が禁煙しています。ただ従業員の楽しみを奪うことになるので、強制的にやめなさいという話もしません。社長自身が健康に気を付けていれば、自然と似たようなタイプの従業員が集まってきます。お酒が好きな従業員は多いので、『飲み過ぎには注意してね』と話をするぐらいです」と語る。

さらに、月1回心療内科の医師とディスカッションする機会を設け、心理学を学んでいるという。「元々不眠症で通院していたが、経営者になって、会社は人と人なので、経済学や社会学だけではなくて、心理学が重要だと思うようになった」という。従業員に対して、必要以上の負荷をかけないことを心がけ、午前8時の始業前に全員で掃除やラジオ体操を行い、8時から朝のミーティングをスタート。「おかげで夜はほぼ定時に終わるので、自然と健康な生活リズムを作れます」と胸を張る。

ほかにも工場向けに燃料の供給事業を行っているが、そこでＣＯ$_2$排出係数の低いＬＮＧ（液化天然ガス）を提供。さらにリサイクルされた再生油の販売も行っている。「環境に特化したクリーンエネルギーの開発も次々に行われているので、積極的に取り込み、供給を持続的に続けていきたい」という。

また、工場や公共施設向けにＬＥＤ照明の販売を行い、カーボンニュートラルに貢献する事業にも着手するなどサステナブルな独自の新規ビジネスにもチャレンジする。「この先も様々な変化・変革が起きていくと思うので、

それに対応するための打開策、解決策を提案するためのアクションに取り組んでいきたい。小さな会社なので、業界に捉われない、独自の人材育成の仕組みを作り、独自のビジネスモデルを作りやすいので、個の力の成長を続けていきたい」と力を込める。

キーワード≫人間尊重、相互信頼、共存共栄

鈴木は持続可能な経営のキーワードとして、「人間尊重、相互信頼、共存共栄」を挙げる。この言葉は祖父である先々代の社長から受け継がれている言葉だといい、先々代からの教えを「忠実に、これだけはブレないようにしています」という。

また、自身では「みんなで輪を作る」という言葉を大事にしている。「世の中、丸く循環させないと成り立っていかないということを日頃から社員に伝えています。ビジネスは、争いじゃない。競合がいるとはいえ、戦いじゃなくて、あくまでみんなで回していくものだと、社員だけでなく、取引先にも伝えています」という。

「これから変わるかもしれないが、うまく回していかないと続かないということを、いろいろ経験してきて、実感としてたどり着いた」と若き継承者は思いを繋いでいく。

情熱をもつ、信頼関係に責任をもつ、技術をみがく

仮想ネットワークセキュリティソリューションズ合同会社

代表社員 萩野(はぎの) 貴政(たかまさ)

1976年東京都出身。1999年横浜商科大学卒業後、リゾートホテルのフロントマンに。2001年、勉強しながらITの仕事へ転職し、SI企業のプログラミングの研修を受けながら、2008年フリーランスとして独立。インフラエンジニアとしてITネットワーク技術の仕事に従事し、2014年ネットワークのコンサルタント業として「仮想ネットワークセキュリティソリューションズ合同会社」を設立。

Purpose 1 》信頼を獲得する

リゾートホテルにフロントマンとして新卒で就職した萩野貴政だが、大学時代に情報系の学科でＩＴを学んでいたため、情報系の仕事への思いがあった。２年後、思い切ってＳＩｅｒに転職した。「かなり大変でした。個人的にスクリプト言語を勉強しながら働いて、ネットワークの構築などを手がけて、フリーランスになったときは完全にネットワーク屋さんになっていました」といい、数年間の修業を経て、独立を果たす。

大手システム会社から、公的機関のネットワーク構築などのＤＸ化の大きな案件を任されるようになり、さまざまな企業の現場に入っていくと、クライアントから相談されることが増えていったという。「大手のベンダーがネットワーク構築などを提案すると、何千万円のものとなる。お客様もシステムに詳しいわけではないので、信頼してもらい、お客様の立場でメリットとデメリットを説明して提案すると喜ばれた」といい、ネットワークのコンサルタント業として規模を拡大させていった。

【事業内容】ネットワークコンサルティング
【創立】2014年
【従業員数】12人
【URL】http://vnss.jp/

萩野は「情熱をもつ（思い切って全力でやる）」「信頼関係に責任をもつ（信頼関係を壊してはならない）」「技術をみがく（好奇心をもって勉強をする）」を三つの理念として掲げ、さらに「スピードは最高のサービス」という。「スピードを意識して、全力で仕事をすることで、認めてもらえる。取引先から信頼されれば、次の仕事の獲得にもつながる」と力を込める。

さらに「信頼していただいているので、お客様にとって必要だと思う調整業務を何でもやります。クライアントの役員報告向けの資料づくりを代わりに行って、担当者に『こんな資料いつ作ったのかな』と言われることもあったり、時には深夜に電話が来て、トラブル対応を依頼されて、社員を起こして一緒に対応してもらうこともあったり。社長をやっていますが、社員一人一人が一番大事。社員には頭が上がりません」と笑顔を見せる。

Purpose 2 ≫ 社員のウェルビーイング

社員が大事という萩野には、苦い思い出がある。「社員が取引先の社員からモラハラを受けていたのですが、私が気づけず、辞めてしまった。本人から相談などを受けていたら、まだ一緒に仕事ができていたかと思うと悔やみきれません」といい、社員のケアには心を砕いている。

エンジニアは厳しい勤務時間で体が資本といい、まず食事には気をつけていきたいと、全社員にランチ代の補助を電子マネーで支給している。「コンビニでも使えるので、健康にいい食品を一品でも入れてください、とお願いしています」と笑う。

さらに人材マネジメントシステムを導入し、社員の経歴や得意分野、興味のあることなどを共有している。「いまリモートワークで社員同士の接点がないので、こんな趣味があるっていうので、一度話してみようかとか、コミュニケーションのツールにしてもらえればと思いました」という。エンジニアのキャリアアップのためには、技術力の向上が不可欠だが、「社員の1人がクラウドの基盤をずっとやってきたので、クラウド基盤でファイアーウォールを作るというセミナーを立ち上げて、興味のある社員が参加するということをやりました。次にはこんなことができないか、というように社員にどんどん手を挙げてもらうきっかけになれば」と期待する。

「社長と従業員が本当に直に話せる環境なので、『人材管理でちょっと大変なんだな』と空気を感じてくれている」と社員と課題を共有している。システム開発では、クライアントのシステム部門が海外にあるところもあり、社員にはネパールやベルギー出身者や英国のインターナショナルスクールを出た帰国子女もいる。「いろいろな考え方があり、例えば社長が一生懸命頑張って、社長の背中を見せれば付いてくるというのは、なかなか通じないところもあるので、考え方を変えていかないと」と戒める。月1度の面談を心がけ、「ブレストでいいので、趣味のことでも、個人の悩みでも、もちろん会社の悩みでもいい、何でもいいから話をしてくれっていうようにしています」と社員のウェルビーイングには力を入れている。

Purpose 3 ≫ 英語教育

コロナ禍で萩野は、リモートだけで完結するようなプロジェクトとして、これまでとは全く畑違いの英語教育の事業に取り組んでいる。外資系企業などとの仕事で、英語でのコミュニケーションが必要になる場面があるが、「英語はできるけれど、実際にビジネスで使えない日本人が多いんです」と指摘。「現場では、フィリピンやインド、ネパール、中国、ベトナムなどさまざまな国から来ていますが、英語が話せるからではなくて、英語を使っ

てＩＴの仕事ができるから来ている。英語ができるだけでは淘汰されてしまう。それは身にしみて実感しました」という。

ＩＴの現場では、メールもミーティングもプレゼンもすべて英語だ。「ＩＴで生き残るためには必然的にもうやらざるを得ない。普通のビジネスマンだったら全然できる話なわけで、ただそれを英語でやっているだけ」といい、「日本人の方がずっと英語ができるのですが、いわゆるＴＯＥＩＣばっかり勉強して、英語は読めるし、書けるけれど話せない」と歯がゆい思いをしていたという。

そこで大手の英会話学校のコーチをやっていた社員を中心に、単に英語のレッスンをするのではなく、英語を学ぶためのコーチングをするサービスを開発した。ビジネスパーソン向けに、１日１

〜1時間半で、使えるビジネス英語を勉強する習慣を身に付けるロードマップをチューターと一緒に考えるというカリキュラムだ。

　スピーキングに特化しているのが特徴で、「ビジネスのシーンで、よく『Not at all』というのが出てくるのですが、教科書的には『全くない』と学びますが、ビジネスでは『どういたしまして』という意味で使うんです。そんな学校の英語の一歩先を学べるプログラムを目指しています」と解説する。

　萩野は「個人的な感想」といいながら、「言語は読めればいい、聞ければいい、感じていればいいだけなので、成長が実感しやすい。日本人は英語が下手だとか言われますけれども、勘所みたいなものが分かれば、成長を実感できて楽しいはず」といい、

収益は度外視してこの事業に取り組んでいる。

キーワード》好奇心

萩野はキーワードとして「好奇心」を挙げた。「社員と向き合うときに絶対に言う言葉は『好奇心を持ってやれ』なんです。ただただ指示されてやっているだけだと続かない。『これはどうなっているんだろう』とか、『これはどういう技術なんだろう』って、好奇心を持って勉強して、精一杯頑張っていれば、道は開けると思っています」と信念を述べる。

自身が、フリーのエンジニアから経営者になっていったのも「やりたい、やりたい、という好奇心が根っからの性格としてずっとあったから」だという。だが、「もっと経営に専念しろといまは思っているんですが、ついつい現場に出ちゃう。これも好奇心のせいです」と自嘲しながら、「それが持続可能につながるんです」と言い切った。

スポーツを通じて礼儀やルールを伝え、人間形成と社会貢献につなげる

スポーツコミュニティ株式会社

代表取締役 中村 伸人（なかむら のぶと）

1974年神奈川県生まれ。学生時代より体操競技で全国大会などにも出場。大学院修了後、スポーツ専門学校の教員となる。学生募集をする広報担当として、入社当時200人だった学生数を３年間で1200人に増やした経験を持つ。2002年スポーツコミュニティ株式会社設立。体操教室を全国で展開、国内２万人以上の会員数を誇り、台湾への進出も果たす。

Purpose 1 ≫ スポーツを通じた人間教育

公共の体育館などを活用し、固定施設を持たずに体操教室を開催するというユニークなスタイルで、全国展開をしているスポーツコミュニティ代表取締役の中村伸人。幼い頃から体操に打ち込んできた中村が、このビジネスに踏み出したのは大学時代、高校時代の恩師から、母校で小学生に体操を教えてほしいという依頼だった。指導内容や料金、事故の対応まですべて自分の責任という形だったが、好評で生徒を増やすことができ、「毎日違う場所に教えに行けば、仕事になるのでは」と手応えを感じた。

人に体操を教えるということに興味を持った中村は、スポーツ専門学校に就職。生徒募集も担当し、学校訪問などの従来型の募集活動を改め、高校で出張講座を行うなどの独自の企画を展開。約200人だった生徒数を6倍以上に増やした。この成功で自信を付けた中村は、大学時代に思いついたビジネスモデルの実現を目指して起業に踏み切った。

だが、子供向けの体操教室は、幼稚園などで既存の企業が入り込んでおり、

【事業内容】スクール運営、イベント企画・運営
【創立】2002年
【従業員数】300人
【URL】https://sports-community.co.jp/

営業から経営、生徒の指導まですべて自分一人の責任で行っていた中村は、「早く結果を出さなくては」と焦りを覚えたという。特徴を出そうと悩んだ中村は、ある日公園にトランポリンを持ち込み、無料で体験会を開いた。「子供たちに声をかけたら、あっという間に100人以上が並んだ。子供たちの笑顔を見て、これで勝負ができると確信した」と振り返る。トランポリンを使った指導を突破口にした体操教室は人気となり、瞬く間に広がっていった。

中村は「どんなに文明が発達して価値観が変わっても子供にスポーツを指導する仕事は、未来永劫なくならない」と強調する。ただ日本では、学校の部活動など、スポーツはボランティアで教わるものという認識が根強いと指摘し、「プロの指導者が行うスポーツビジネスにパラダイムシフトをしたい」といい、「スポー

ツを通じて、礼儀やルール、他者への思いやりなどを伝えることは、人間形成にもつながり、スポーツビジネスでの社会貢献になると思う」と力を込める。

Purpose 2 ≫ 常識を疑う

希望に燃えて、全国展開に踏み出した中村だったが、新型コロナウイルスの感染拡大という大きな危機に見舞われた。「第1波で、スポーツクラブなどが休業するのに合わせて、約3カ月は休業を余儀なくされました」と振り返る。

逆境を乗り越える方法を模索した中村は、まずオンライン指導に取り組んだ。「対面でやっていたものをそのままオンラインに切り替えても、会員が辞めてしまう。いかにオンラインの充実度を上げていくかに全力を挙げました」という。

狭い室内で、カメラの前で指導するため、講師は、手本を見せるのではなく、生徒が倒立している姿勢をスクリーンショットで見ながら、フィードバックするなどオンライン上でファシリテートすることに専念した。「非常に評判良くて、違うサービスの提供ができると確認できた」といい、実際コロナ禍でも徐々に回復し、最終的には過去最高の会員数

を記録するまでになった。
　さまざまな試行錯誤をしてきた中村は「コロナ禍で、今までの常識的な形って本当なのかと疑い始めた」と述懐する。「例えば跳び箱の形って、昔から全く変わっていないけど、あの形である必要があるのか。支柱の上に一段目のクッションだけがあればいい。女性の指導者も多いので、普通の跳び箱は重くて運ぶのが大変ですが、その形なら軽くて便利なのではと考えた」と新たな跳び箱の開発に取り組んでいる。

さらに、体操教室で使用する体育館などの施設の予約申請などの業務が、いまだに書面での申請などアナログで行われていることに気付き、デジタル化するシステムを開発、スポーツ庁に採択された。「施設管理の予算が少ないところも多いので、受益者負担のような形でシステムを利用できるように提案したら全国から引き合いがきた」と明かす。「今までフィジカルワークの一本足打法だったが、デジタルなどにも配分して、リスク分散を図って、どんなことが起きても全部の打撃を受けないようにしたい」と手応えを感じている。

Purpose 3 》海外進出

中村は体操教室の全国展開と並行して、海外進出にも乗り出していた。コロナ禍が始まる半年ほど前に、台湾で現地法人を設立。日本のサービスを中国語に翻訳して、それがどれぐらい通じるかデータを取ろうとしていた。

コロナ禍で思うように進まなかったが、先行事例の調査などを行ったところ、新たな気づきがあったという。「日本では体育の授業があって、跳び箱が飛べない、鉄棒で逆上がりができないなどの課題があって、それをできるようになるために体操教室に入れようとなる。台湾では、学校体育で跳び箱とかマット運動とか鉄棒をほぼやっていないので、体操ができないっていう機会を学校で与えてもらえないことが分かった」と語る。

そこでさまざまな仮説を立てて、なぜ通じないかを検証するために、現地で体操教室を展開している企業をM&Aすることを決断した。「そこのサービスを分析して、それにスポーツコミュニティのサービスも入れて、台湾用にアレンジしたものを、現地の施設で同時に展開して、子供たちの反応などのデータを取っていきたい」という。

そんな中で、スポーツコミュニティが当初から得意としてきたトランポリンの反応が良かった。「トランポリンを一つのメニューとしていれていたのだけど、すごく好評だったので、一つの種目みたいな形で切り離していくことも検討しています」と語る。

元々、台湾で教育文化や指導員の育成などを行って、そこである程度成功したところで、中国へ進出する予定だったが、調査を続ける中で、台湾での展開と同時に中国進出も展開することに方針を変えた。

「台湾のナンバーワンの体操教室が中国に進出して、そのままのサービスが通用するというデータが取れたのと、台湾の指導者が、『真面目』などの印象があって、中国で評判がいいということが分かった」と解説する。「台湾を中国に行くための人材バンクとして、指導員を育成しながら、中国に行くという方向性が見えた」と手応えをつかんだ。

キーワード≫日本のマーケットだけに頼らない

中村は、企業を持続可能にしていくためのキーワードとして、「日本のマーケットだけに頼るのは危ない時代」だという。

少子高齢化が進む日本だが、教育分野の売り上げは意外と下がっていないといい、「教育業界は日本に全ベットしているところが圧倒的に多い。特にスポーツ業界は、日本の子供たちにしか目を向けてない」と指摘する。

「これからの100年を生き残る道を日本だけで探すのは危ない。台湾での経験から、同じサービスでも文化が違うと通用しないことが分かった。ユニクロも中国に進出した当初は失敗だったけど、現地に浸透するのに時間をかけて成功した」と語り、「私たちも全国展開が終わってからでは遅いと考えて、できるだけ早く種まきをしないと次世代には勝てない」と前を向いている。

顧客のお金を使わずに最大限効果を生めるものってなんだろう

A&L Project 株式会社
代表取締役 國府島(こうじま) 誠(まこと)

1984 年千葉県出身。学生時代は、チームスポーツのアイスホッケーに打ち込み「目標達成」が好きだと実感。多数のプロフェッショナルと取り組んで創り上げる業界に進みたいと考え、高校卒業後、ミュージシャンとしてカナダに渡る。帰国後、2009 年広告代理店に入社。ネットとリアルを融合したイベントを中心に広告制作を手掛け、2018 年 A&L Project 株式会社創業。

Purpose 1 》実力社会を生き抜く

高校1年生までアイスホッケーに打ち込んでいた國府島誠だが、子供の頃からやっていた音楽の道に進もうと、プロミュージシャンの弟子になり、高校卒業後ミュージシャンとしてカナダへと渡った。

ジャズバーやライブハウスで演奏をしたり、アーティストのサポートメンバーとしてツアーを回ったりと、カナダからニューヨーク、ロサンゼルスなどでミュージシャンとして生活を送った。だが、25歳の時帰国する。「裏方のミュージシャンって給料が上がっていく感覚がほぼないんです。20代前半の貧乏でも楽しい頃だったらいいんですが、賞味期限があると思った」と振り返る。

帰国した國府島は「学歴と職歴がないし、実力社会の方が好きだったので、数字が残せて実力が分かる世界って何かと考えたときに、広告代理店にそういうイメージがあった」と広告の世界に飛び込んだ。

就職先は新進の広告代理店だったため、イベントから番組制作など何

【事業内容】動画制作、インターネットライブ配信、オフラインイベント制作、グラフィックデザイン制作
【創立】2018年
【従業員数】3人
【URL】https://alonzo.jp/

でも手掛けていた。「元々プレーヤーだったので、自分の手でものをつくることに興味があった」と営業から制作までを担当するようになった。「CMやテレビ番組で、一応ディレクターだったんですが、デザインを作って、企画書も書いて、映像を編集して、ディレクションして、自分の手でどんどんやっていた」と手応えをつかんだ。

自信をつけた國府島だが、ある疑問を持った。「どうしても会社なので、利益や立ち位置を気にすることが多かった。そういうことを気にせずに、『お客様にお金を使わせるだけではなくて、使わせないで最大限効果を生めるものってなんだろう』と考えるようになった」と明かす。そこで取引先から声がかかった國府島は独立を決意する。「自分も試せるし、メーカー内部のメディアプランニングも立てさせてもらえるというので、今しかないと思って飛びつきました」と振り返る。

國府島は「広告費を預かった代理店に、どんな言葉で何をやってほしいと伝えればいいか。その伝言ゲームをうまくやるために、間に入ってこういう言葉を使って伝えましょうとレクチャーするような役割」といい、紹介で順調に業績を伸ばしていった。

Purpose 2 》コンテンツで地方を活性化

社名の「A&L Project」の「A」は「アーティスト」で、「L」は「LOVE」だという。「自分の中でアーティストは『プロ』といった意味で、自分に自信を持ってプロのチームとして、愛を持って仕事をやろうという意味です」と語る。

そんなA&L Projectでは、ゲームなどのエンターテインメントやIT関係を中心に、國府島が地方創生に興味があるということから地方自治体のプロモーションにも関わっている。

その一つが福井市だ。2024年春の北陸新幹線敦賀延伸に合わせて、福井市を盛り上げようと、國府島得意のエンターテインメントコンテンツを活用した企画に取り組んでいる。同市出身の作家・裕夢(ひろむ)氏のライトノベル「千歳くんはラムネ瓶のなか」(小学館ガガガ文庫)とコラボして、作品に登場する舞台を訪れる〝聖地巡礼〟や作品を盛り上げようという狙いで、映像制作などに関わっている。

國府島は「福井市と密にミーティングをさせてもらっていますが、その担当者がお役所っぽくないというか、『面倒くさいことは僕たちが全部やりますので、何か企画やアイデアを持ってきてください』という方たちで、いろいろなアイデアを組み合わせて、どんどん発信していきましょうと話しています」と笑顔を見せる。

國府島は「コンテンツの力を借りて、いろいろとコラボや挑戦をしていきたい。そこに自分たちのマーケティングのノウハウを生かして、『福井はこんなに面白いところなんだ』ということをもっともっと全国に向けて発信していくことが、地元の若者が根付いて働けたりとか、地方の企業が活性化していけたり、ということにつながっていくと思う」と手応えを感じている。

Purpose 3 》牧場を救う

地方創生についての取り組みはこれだけではなかった。國府島の母方の祖父が北海道で牧場をやっていたが、昨今は労働力の確保が困難になり、後継者がいないという問題もあり、存続の危機にひんしていた。國府島は、「乳牛は1日2回の搾乳が必須で、後継者のいない高齢者の酪農家からしたら、大きな手間がかかるんです。しかも昨今の牛乳離れに伴って、生産調整がされやすいという問題もあるので、乳牛ではなく、海外からも注目の和牛の子牛の生産・出荷のビジネスに切り替えました」という解決策を見出す。

和牛の母牛と受精卵を購入し、妊娠させて子を産ませ、輸送に耐えられるまで半年ほど育成して全国の農家に売っていくというシステムだが、最大の課題は母牛のストレス発散のために、牧草をしっかりと食べて、歩かせる必要があることだった。「本州の和牛農家では土地が狭くて、十分に放牧することができないので、北海道はピッタリだった」という。切り替え当初は収入減を覚悟したというが、和牛の高騰という追い風もあって、収入も下がらず、しかもそれまで酪農で使っていた機材なども流用できるというおまけつきで、経営的な余裕もでき、人を雇うこともできた。

この成功を受け、國府島は「福井の地域活性化でも思いましたが、東京に一極集中しすぎている。このまま東京に若者が集まり続けると、仕事の奪い合いになって健康的な状態にはならない。僕たちのような30代、40代が『地方でも意外と面白く成長できる分野があるのでは』と可能性を感じられるようにしていかないと」と考えるようになった。

「日本の農業はＡＩやドローンを活用して、機械化がすごく進んでいる。品種改良などのテクノロジーの進化もすごいので、若者たちにそうした部分にスポットを当てて、コロナ禍でリモートワークが進んだ時代に、東京の会社に勤めながら住まいは地方、といった生き方ができることを伝えていきたい」とコロナを乗り越えた新たなライフスタイルを提案していく。

キーワード》You can do it

海外での生活が長かった國府島は「You can do it（君ならできる）」という言葉を大切にしている。

「ミュージシャンになろうと、海外に渡ったとき、英語もしゃべれないまま行ったのですが、2日目にはもうオーディションを受けていた。職歴も学歴もない自分の腕を買ってくれて、その時、いろいろとアドバイスをしてくれたが、何を言われてるのかほとんど分からなかった。その中で、『君ならできる』という言葉が耳に残った」と懐かしむ。

言葉ができなくても必死で勉強して海外で戦ってきた経験をもとに國府島は「和牛や野菜など日本のいいものをブランド化して、第1次産業を海外にどんどん発信していければ」と世界を見据えて夢を膨らませている。

みんなから愛されること それがオンリーワンの企業につながる

クロダ精機株式会社

代表取締役 **佐々木 俊一**（ささき しゅんいち）

1973年生まれ。長野県出身。横浜国立大学進学のために地元を離れ、そのまま他の仕事に就くも、父が急病で倒れたために帰郷。2003年、29歳の時、父が社長を務めていたクロダ精機に入社。父の死後は現場でものづくりを一から徹底的に学ぶ。同社製造部部長を経て、18年同社代表取締役社長に就任。

Purpose 1 》 継承

クロダ精機は、南アルプスを望み、清らかな水と大気で、時計などの精密部品製造が盛んな〝東洋のスイス〟と呼ばれる長野県で半世紀の歴史を持つ精密プレス部品試作メーカーだ。

社長の佐々木俊一は、現職に就く以前には、横浜で働いていたが、29歳の時、精密機械プレス技術者で、クロダ精機を創業し、2代目社長を務めていた父が倒れたため帰郷し、同社に入社した。その後、間もなく亡くなった父の遺志を継いで、ものづくりを知るため、佐々木は製造の現場に立った。「仕事を理解するために休みもろくに取りませんでした」と笑う。

創業50年を前にした2017年、先代社長の山本学（現会長）から「そろそろバトンを渡すよ」と告げられる。「『いよいよか』と思いましたが、特別な思いはあまりなかった。とにかく自分ができることをやろうという思いでした」と振り返る。

社長就任時に「みんなで描けるビジョンを示したい」と考えたのが、「10

【事業内容】精密プレス部品試作
【創立】1969年
【従業員数】40人
【URL】https://kurodaseiki.co.jp/

年後、日本一の試作屋になる」だった。

「規模や売り上げではなく、ここにしかない、オンリーワンの企業。環境の変化もあるが、社員、取引先、地域にとって、この会社がなくてはならない存在になること」

佐々木はビジョンを掲げる理由についてこう解説する。「この地域は、交通の便が悪くて、東京から距離は近いが、公共交通機関ではすごく時間がかかる〝陸の孤島〟なんて言われる。それが、何年先になるか分からないけど、リニア中央新幹線が通ると、品川まで40～50分になる。まるで革命みたいなことが起こって、その時にどうなるか。東京から人が来るとか、いいことしか言わないけど、実際に住んでいる人にとってみると、東京や名古屋の企業に勤めればいい、ということに絶対になる。その時には、社員の賃金などを東京以上にしなければいけないと思いました」。

Purpose 2 ≫ コロナ禍での持続

　オンリーワン企業を目指した佐々木だが、就任から1年半で新型コロナウイルスの感染拡大が始まった。世界的な経済活動の停滞に伴い、受注は半分近くまで落ち込んだ。政府の経済対策で、休業をすれば雇用調整助成金を活用できたが、佐々木は休業を選択しなかった。

「リーマンショックの時は完全に発注が止まって、何が起こっているか分からず、一時帰休して雇用調整助成金をもらいながら出口を探しました。ただ、その状況から立ち上がるスピード感が大変だったんです。コロナも先が見えなかったのですが、休みは一切作らなかった」と振り返る。

　社員は、とりあえず出社して、工場の掃除や機械のメンテナンスなど作業をしながら受注が回復するのを待った。そんな中、佐々木は社員の給与の引き上げという驚くべき決断をする。

「毎年基本給3～5％の賃上げを続けているので、赤字でも逆にそうすることで、仕事の責任感のようなものを持ってもらいたいと思った。幸いコロナ前が良かったので、その蓄えがあった。社員の給料を絞って、会社の利益を上げようとは全く思っていない。会社を元気で健全な体制にしていくことを大切にした」という。

コロナ禍でもブレずに「日本一の試作屋」を目指した佐々木。「試作オンリーでやっている会社は珍しい。発注トップの会社がゼロになることもある先が読めない世界で、1カ月先も見えない。会社の方針の場合もあるので、営業努力ではどうにもならないので、受注を平準化するため、広く浅くお付き合いをするしかない」と述懐する。試作に特化することで、日本のものづくりの現状も見えてくる。「以前は携帯電話やスマートフォンなどの開発がありましたが、今はほとんど国内の開発はない。現在は、電気自動車関連の仕事が多い。でも電気自動車にも限界があると思う。日本は『ものづくり大国』と言われていましたが、半導体は台湾が圧倒的に強いですし、欧米の大手企業が工場をつくるのは東南アジアになっている。大手企業で長いスパンで夢を見てものをつくるという時代ではなくなってきた。厳しい時代なので、中小企業の方が10年、20年先を見据えた取り組みができる。それが強み」と展望する。

Purpose 3 ≫ SDGs

会社の継続に力を尽くしていた佐々木は、SDGsのポスターやバッジを見かけるようになり、興味を持ったという。そして2020年2月、「長野県SDGs推進企業登録制度」に登録した。「元々、長野県は環境への取り組みが早く、2050年に二酸化炭素（CO_2）の排出量を実質ゼロにする宣言を出したりしていた。SDGsのバッジを付けている人がいたので、ポスターを見て、ちょっと興味を持って、調べてみたら、大事なことだなと思った。SDGsの17の項目について取り組んでいるかチェックしたら、意外と取り組んでいました」と笑顔で語った。

クロダ精機はSDGsの重点的な取り組みとして、「事業活動における紙使用量の削減」「女性でも働きやすい環境づくり」「地域社会貢献活動への取り組み」を掲げている。2030年の指標としては、紙使用量45％削減や女性社員比率の15％増加、地域への寄付・ボランティア活動等への参加を目指している。

「環境問題にはいち早く取り組んできましたが、同時に女性の働く環境についても着目しています。製造業は男性の仕事というイメージがありますが、うちでは女性も男性も、同じ仕事をしている。女性が働きやすいように、育児や介護などの家庭の事情に合わせて勤務時間を調整し、出産後も前と変わらず他と同じ待遇を受けられるようにしました」と語る。

特に力を入れているのが地域社会への貢献だ。中小の製造業が多い地域だが、地域で開かれている子供向け職場体験の参加企業に、製造業が少なかったため、名札やコマづくりの体験などで参加した。

佐々木は「イベントには1日2000〜3000人も集まって、みんなに喜んでもらえた。地域の子供たちに、ものづくりの会社がたくさんあることを知ってもらうのは大事だと実感しました」と語り、その後も地域のメディアやイベントに積極的に参加している。

「子供自体が少なくなっていて、ほとんど大学や専門学校に行ってしまうので、地元への就職が少なくなっている。幸いにも今春も2人地元の高校生が入社してくれますが、親戚から勧められて、地元のテレビCMを見て、決めてくれた」と手応えを明かす。

キーワード≫オンリーワンの企業に

同社の経営理念は「顧客満足と自己満足を実現し、社会の責任を果たす」だ。佐々木は持続可能な会社づくりのキーワードとして、「みんなから愛されること。それがオンリーワンの企業につながる」を挙げる。

「今までは製造業として良いものづくりをしていればよい時代があった。これからは自社をブランド化し、顧客に愛される企業となっていかなくてはいけない。社長が替わったとしても、社員や地域がこの会社を愛してくれれば、苦しい時でも助けてもらえる。クロダ精機のファンを作っていきたい」と笑顔で話した。

みずほグループ全体でサステナビリティーの取り組みを発信

株式会社
みずほフィナンシャルグループ

Purpose 1 ≫グループ全体でサステナブルに

みずほフィナンシャルグループ（FG）は2022年9月、チーフ・サステナビリティ・オフィサー（CSuO）を新設、牛窪恭彦・リサーチ&コンサルティングユニット長が就任した。最高経営責任者（CEO）の直下で、グループ全体での取り組みを推進する役割だ。その下には、ビジネス企画を担当する「サステナブルビジネス部」と、全体戦略を策定する「サステナビリティ企画部」が置かれた。

平野裕子・サステナビリティ企画部長は「サステナビリティー関連の機能を集約・再編し、CSuOが、ビジネスとコーポレートを両方見ることで、グループ横断での中長期的な取り組みや、顧客の課題解決に向けた先見性のある取り組みを行う」と言う。

【創立】2003年
【従業員数】2072人（みずほフィナンシャルグループおよび連結子会社就業者数合計52,420人）
【URL】https://www.mizuho-fg.co.jp/

Purpose 2 ≫ 気候変動に対応

特に注力している気候変動対応では、2050年の温室効果ガス排出量実質ゼロのカーボンニュートラルに向け、みずほ自身も二酸化炭素（CO_2）削減のため、約200拠点の電力を再生可能エネルギーに切り替え、東京都内の支店で風力発電由来の再エネ電力と電気自動車をセットで試験導入するなどしている。

顧客には、脱炭素に向けた移行（トランジション）に資する投融資などの金融分野と、排出量の把握や移行戦略の策定・実行など非金融分野の両面で支援している。みずほ銀行は、トランジション技術に対して、500億円超を視野に出資枠を運用しており、1例目として、DNA合成技術に強みを持つ神戸大学発スタートアップの「シンプロジェン」（神戸市）に3億円を出資。バイオものづくりの活性化を促すことで脱炭素に向けた取り組みに貢献する。

Purpose 3 ≫ 常にアップデート

平野部長は「この分野は動きが速く、お客様と対話するにも、常にアップデートしていかなければならない」として、グループ内の教育にも注力しており、全社員にネットを使ったeラーニングを提供し、資格制度も導入している。さらに「みずほのサステナビリティーの取り組みを、しっかりと発信していきたい」と話している。

人と人とをつないで、ビジネスをつなぐというところをテーマに

株式会社aRc

代表取締役　三宅（みやけ）　徹（とおる）

2009年横浜市立大学国際文化学部卒業。新卒でIT系ベンチャー企業に入社した後、2011年に外資系メーカーへ転職。更に２年後、イベント会社に転職。８年在籍した後、aRcを起業。

Purpose 1 ≫ 創業者の遺志を継いで

新型コロナウイルスの感染拡大で、インターネットでのイベントなどの配信が一般化し、エンターテインメントだけではなく、ビジネスの場でもおなじみになった。aRc代表の三宅徹は、それ以前からこうしたライブ配信に取り組んできた。

三宅がイベント配信に携わるきっかけは、新卒で入社したITベンチャー企業での出会いだった。

「ネットワークの保守運用などやっている会社だったのですが、最初の新卒採用で入社して、そのタイミングでデザイン系の業務を新規事業として立ち上げたところでした。その営業として最初にイベント関連の展示物のデザインのお仕事をもらった方との出会いがつながっていきました」という。

その人物とは最初の顧客としての出会いだったが、三宅がIT企業からメーカーへ転職した後も食事などをする付き合いが続き、「その方がちょうどイベント会社を立ち上げて、『一緒にやらないか』と誘われました。多方

【事業内容】ウェブ配信事業、動画制作事業、レンタルスタジオ事業
【創立】2021年
【従業員数】32人
【URL】https://www.arc-h.co.jp/

面で吸収するところがあって、この人の下で働きたいと思い、経験がない仕事ではありましたが、思い切って飛び込みました」と振り返る。

イベント会社では、当時はオフラインが主流であり、2010年頃からオンラインのライブ配信が導入期を迎えた。「オンライン配信をするためのディレクターや機材を操作するためのスタッフを派遣して、運営を担当する業務で、当初は人材採用のウェブセミナーなどの導入が始まりました」という。

主に営業を担当して数年がたった頃、三宅を誘ってくれた創業者が病に倒れてしまう。「その方からも『遺志を継いでほしい』と言われました。他の創業メンバーが営業面を得意としていなかったこと、また取引先との関係もあり、独立起業する形で事業を受け継ぐことにしました」といい、2021年aRcを設立して、事業譲渡を受けた。「スタッフも一緒について来てくれたので、創業2年目ですが、事業自体は10年の実績を重ねることができました」と語る。

Purpose 2 ≫オンラインをチャンスに変える

事業を受け継ぐタイミングで、コロナ禍がやってきた。「最初は一旦自粛ということでイベントの仕事がぱっとなくなりました。ただ長引きそうというところで、徐々にオンラインへの切り替えが始まって、２０２０年の夏に問い合わせの電話が1日１００～２００件かかって来るようになり、秋口から冬にかけては多分毎月２００時間ぐらい残業しました」と苦笑する。

急激に増える依頼に対し、元々いるスタッフだけでは対応ができなかったが、「イベント会社は元々横のつながりが結構あるので、パートナーの協力も得つつ、自社の採用も強化して、何とか対応する体制を整えられました」という。

さらに、10年の実績があるため、ＺｏｏｍウェビナーやＹｏｕＴｕｂｅ、Ｌｉｖｅといった汎用プラットフォームにも対応し、配信内容に合わせたプランニングから当日のオペレーションまでワンストップで提供するのはもちろん、「接遇」には自信があるという。「セミナー講師への事前の説明や当日のフォローアップなど経験豊富なスタッフが担当します。コロナ禍で講師が自宅や職場からオンラインで参加することが増え、当初は機器の操作などで戸惑うこともありましたが、そういう場合の対応も日々アップデートして、マニュアル化することでストレスなく講演してもらえるようにしています」と自負する。

三宅はコロナ禍の中で、ネットワークを通じた映像によるコミュニケーションの新しい可能性を感じたという。「会場を借りて、イベントを開くとなると、会場のキャパシティーがあって、ビジネス系のセミナーだと500〜1000人ぐらいが最大になります。ただ、医療系のセミナーなどでKOL（Key Opinion Leader）と呼ばれる影響力のあるトップの医師が講演される場合、多いときで1万人ぐらいの視聴者が同じ時間にアクセスできます。リアルに比べて、情報の入手の仕方が圧倒的に早く、手軽になって、こうした新しいコミュニケーションの形の一つとして確立していくと実感しました」という。

Purpose 3 ≫ ハイブリッドで強みを拡大

新型コロナの感染拡大が一段落し、イベントの自粛などが緩んできたのに合わせて、需要も徐々に変化してきたという。単純なウェビナーなどであれば、自社で対応できるようになり、ピーク時に比べて依頼が減ってきたが、オフラインとオンラインを掛け合わせたハイブリッドのものが非常に多くなってきたという。

「コロナでできなかったリアルなイベントを復活させながら、オンラインの集客力や便利さも生かしたいというものが増えました。内容的にもこだわりの強いものになってきて、そのために我々プロの力を借りたいということで、全体の数は減りましたが、1件当たりの単価が上がっています」と明かす。

こうした状況に対しても、ａＲｃは強みを持っている。「元々オフラインのイベントを手がけてきたので、大会場を使った音響機器などを駆使したイベントを経験しており、クライアントから最高評価である『エキスパート』の認定を受けているメンバーも数多く在籍しています」と胸を張る。

また、オンラインイベントの運用で培ったスタッフのプロフェッショナルなスキルを生かした新たなサービスも開発中で、「バックオフィスのシステムの導入支援をしている企業から、接遇に長けたスタッフの品質の高さやマニュアルを構築していくノウハウを高く評価されて、顧客のアフターフォローやマニュアル作りを支援する人材の派遣を事業化してみたいと考えています」と前を見据えている。

キーワード》人と人のつながり

三宅はビジネスを持続させるキーワードとして、「人と人のつながり」を挙げる。「このイベント業界に入社したきっかけでもあり、そこで新しい企業を立ち上げて、事業をうまくいかせることができたのも、すべて人と人のつながりだと思っています」と語る。

これは「ａＲｃ」という社名にもつながっているといい、「『Always respond to change』、常に変化に対応するという言葉の頭文字でもあり、橋の『Arch』にもかかっていて、ロゴも橋をかたどったもので、人と人とをつないで、ビジネスをつなぐというところをテーマにしたものになっています。『つながり』や、『つなぐ』という言葉は私の中で大事にしているものなんです」という。

困っている患者さんに道しるべを作る病気のコンダクターでありたい

かねこ内科リウマチ科クリニック

理事長 金子(かねこ) 元英(もとひで)

1966年埼玉県川口市生まれ。川崎医科大学卒業、岡山大学大学院中退。1991年日本大学板橋病院内科入局。川口市立医療センター、さいたま市三愛病院を経て、2004年川口市にかねこ内科リウマチ科クリニックを開業。

Purpose 1 ≫ 病気のコンダクター（指揮者）でありたい

リウマチや膠原病を中心に、さまざまな生活習慣病やぜんそくなどを診療科目とする「かねこ内科リウマチ科クリニック」の金子元英は、「患者の全身を診る医師」として日々非常に多くの患者と向き合っている。

医大を卒業して、大学病院に勤務した金子は、リウマチや膠原病などに特化した専門医ではなく、「全身をトータルで診ながら、継続的に患者さんの健康管理をしていきたいと思った」と内科医を選んだ。そして大学病院勤務の傍ら、川口市立医療センターでは呼吸器科の医師として勤務。「膠原病や血液、呼吸器の症状はリンクしている部分もあり、有意義な経験でした」という。

その後は医師としての視野を広げるべく、総合病院で救命救急の現場にも携わった。「救命医をフォローして、内科医として全身管理をする役割で、呼吸の管理や脳出血や心筋梗塞を起こした原因を探ると、内科的

【事業内容】総合内科、リウマチ科、膠原病・呼吸器科、アレルギー科
【創立】2004年
【従業員数】非常勤医師：5人、看護師：7人（リウマチ認定看護師：3人）、事務スタッフ：11人、メディカルナビゲーター：5人、検査技師（エコー）：1人、義肢装具士：1人
【URL】https://www.kaneko-cl.net/

な疾患が隠されていることもあり、そこを診られるチャンスがあった」と振り返る。

経験を積んだ金子は2004年、最初から目標としていた地元・川口市での開業を果たす。「川口市立医療センターの患者さんが慕ってくれて、『先生にずっと診てもらいたい』と言われたのも自信になりました」と胸を張る。

病院名を「かねこ内科リウマチ科クリニック」としたのもこだわりがある。リウマチはそれまで関節の病気として、整形外科の分野だったが、血中のサイトカインという免疫細胞から分泌されるたんぱく質が引き起こす免疫の異常が原因と分かってきた。「リウマチというと整形の患者しか来ない。『内科リウマチ科』を標ぼうすることによって、リウマチが内科的な病気なんだという認識を持ってもらいたかった」と解説する。「開業医になった目的はまず診断だった。病気を治す以上に、病名が見つからなくて困っている患者さんに『あなたはこの病気ですよ』と道しるべを作ってあげる〝病気のコンダクター(指揮者)〟でありたい」と思いを明かした。

Purpose 2 》患者の笑顔のために

開業するのは「ベンチャー企業を立ち上げるような思い」という金子は、開業当時、リウマチに有用だとして新たに出された生物学的製剤を早速治療に導入したが、「開業医が使うなんて信じられない」と驚かれたという。

こうしたチャレンジの源は「患者の笑顔」と言い切る金子は、「やっぱり臨床が好きで、患者も喜んでくれる。大学病院だと2～3年で医師が変わってしまうけど、開業医なら一人で2年、10年、20年と診て、結果が出せることもあるし、最期を看取るときでさえ、『先生でよかった』って言ってもらえることがある」とやりがいを語る。

患者と向き合うことを一番大事にしている金子は、午前6時半から診療を始めるのも特徴だ。「勉強もしたいし、さまざまな情報発信もしたい。そして患者さんとのコミュニケーションを取らないといけないので」と説明するが、早朝開院の効果もあるという。「よく『出勤前の会社員とか便利ですね』と言われるのですが、そんな患者は来ない。コミュニケーションを取りたいお年寄りのような、あまり具合が悪くない患者が来ます。会社員は帰り際にバタバタ来るとか時間帯で全然違う。一種のマーケティングで、病院にはそうした視

点がないので、仕事上のアピールにもなって、意識の高い医師からいろいろ聞かれることもあります」と明かす。

アイデアマンの金子は病院の運営でも工夫を凝らしている。院内に「メディカルナビゲーター」と呼ぶスタッフがおり、みなインカムを付けて、医師や看護師、事務スタッフと連絡を取り合って、院内の状況を共有。スムーズな診療に役立っているという。「他のクリニックでは信じられない患者数をこなしているけど、コミュニケーションの時間を削りたくない。患者との雑談がやたらと長いのですが、そこから元気の良さや心配事などいろいろなことが分かる。そのために簡略化できることはないか、ということでインカムを持たせたり、待合室にモニターを付けたり、できることは何でもやっています」と話す。

Purpose 3 ≫ 地域医療に貢献

多くの患者が訪れるクリニックだけに、新型コロナウイルスの感染拡大の影響は大きかったという。一番は患者の受診控えだが、それ以上にスタッフの不安が問題だった。「発熱がある患者もかかりつけなら断らない方針だったのですが、スタッフもコロナが怖いとか、家族のために続けられないということで辞めていく人も出た」と振り返る。

コロナ禍では、発熱外来やワクチン接種、医療崩壊など地域医療での医師の役割がクローズアップされた。金子は「かかりつけ医とか在宅医療など制度の問題もありますが、あくまでも自分は患者を診ることが一番なので、そのために頑張るという役割を遂行していくだけです」と言い切る。そのうえで「地域のクリニックは、在宅や往診で生き残るために細々とやっていくところと、明確なポリシーを持って、そのメッセージを伝えていくようなところに分かれていく」と予測する。

こうした状況の中、新たな治療法の研究や情報発信にも熱心に取り組んでいる。金子は

「新薬などが出ると、自分自身で勉強してから、治験で使わせてもらって、そのデータをいち早く発信していく。自分では論文を書いてる時間がないので、それを分かってくれる方に研究に生かしてもらえばいい。文献を残す力も大事だが、情報発信の時代、それでは間に合わない」と語り、金子の発信した情報を元にした研究成果も多い。情報を発信することで、自身を評価してもらえる人につながっていくことが大事だという。

一般の患者に向けた情報発信は、インターネットを通じたり、同じ疾患を持つ患者の会などに参加したり、積極的に取り組んでいる。「『心こそ大切』という一番大切にしている言葉を中心に、クリニックのポリシーとして何をやってるか、患者の笑顔が絶えないように楽しくやってるよ、ということを伝えて、ここに来てよかったなと思える患者さんが一人でも増えることを願って発信しています」と思いを込める。

キーワード》心こそ大切なれ

金子は大事な言葉として、「心こそ大切なれ」を繰り返し使った。

その思いを語るとき、あるがん患者とのエピソードを明かした。「まだ30代の若い男性で、かなり進行していて、脳にも転移していて、余命は1、2カ月だった。子供もまだ小さくて、パートナーにその事実を伝えて、『本人に話す気になれない』と言ったら、泣きながら『真実を伝えることだけに価値があるとは思わない』と納得してくれた」という。そして、男性には良くなっていると説明したが、「多分全部分かっていたと思います。『ありがとう、先生に出会えて良かった』と言ってくれたのを聞いて、僕も本当に良かったと思いました」と振り返る。

「医師は肉体を診るだけではなく、患者が何を求めているのか、患者の心を大切にすることが重要なんです」と、思いを込めた。

大量の砂に混ざる砂金を抽出するための方法論の提案とその実践

株式会社OUTLIER

代表取締役 西村 圭介（にしむら けいすけ）

1991年富山県生まれ。2016年埼玉大学大学院理工学研究科修士課程ののちフリーランスのデータサイエンティストとしてキャリアをスタートする。個人で5年間活動した後の2021年、株式会社OUTLIERを設立。クライアントワークと並行して、大学との共同研究も行っている。

Purpose 1 ≫ データサイエンティストとしての独立

西村圭介がデータサイエンティストとしての道を歩み始めたきっかけは大学時代、統計学を学んだ時、当時趣味だったテーブルゲームを数値化すれば、勝てるのではないかと思ったことだった。「そもそも世の中の出来事は確率論で数値化できるんだって気づきがあった」といい、大学院の研究にも生かしながら、テーブルゲームを統計学的に検証するなど自己研究を深めていった。

ちょうどそのころ、AIやビッグデータがキーワードとして社会に流れ始めた。就職する気がなかった西村だったが、友人の内定先の社長と食事をする機会があり、そこで、経営指標のデータを分析して、組織改革や採用が売り上げにどういった影響を与えるかを計算して、アドバイスすることを依頼された。

「最初の仕事は、正直うまくいかなかった。そもそもデータ分析のような文

【事業内容】経営・事業コンサルティング、機械学習システム開発
【創立】2021年
【従業員数】5人
【URL】https://www.outlier.tokyo/

化が社会では半信半疑だったし、新卒で出たばかりの私が出した分析結果なので、あまり信用されずに実践されなかった」と振り返る。だが、その社長の紹介で、携帯キャリアのデータ活用プロジェクトのメンバーになったことで、実務や技術的な下積みをすることができたという。

めまぐるしく進化する分野だが、「20代前半は自分にストレッチをかけながら、勉強とプログラミングのトレーニングをして、猛スピードでキャッチアップして、仕事を取っていくっていうスタイルでした。それで生き残れたと思います」と述懐する。

こうして実績を積み、周囲から信頼を得て、フリーのデータサイエンティストとして順調に歩を進めていった。

西村はデータサイエンティストの仕事について、「データが大量の砂だとすると、その中に混じっている砂金を抽出するための方法論の提案とその実践」と解説する。経営指標を明確にして、どの指標を向上させると、売り上げや利益が上がるかというところまで具体化した後、何が必要かを提案する経営コンサルのような仕事が多い。「ＡＩへの関心が高まってきたこともあり、ここ数年で世の中の理解が急速に進んだ」と実感している。

Purpose 2 ≫ フリーランスと会社員の良いとこどり

こうして学生からフリーランスとして成功した西村は「稀有な道を歩ませてもらっている。そのサバイバル術や知見、培った人脈などを誰かに還元したい」とOUTLIERを設立した。

「フリーランスと会社員の良いとこどりがテーマ」という。自身がフリーランス時代に「フリーは文字通り自由度が高いが、急激な業績の悪化やブランド不足で仕事の受注が困難などのリスクや不安が常につきまとうので、肉体的、精神的、社会的な苦悩を味わっている中で、こんな会社に拾われたいな……と弱気になることがあった」と明かす。

そこでフリーランスとしての自由度を確保するために業務委託契約の形を取り、会社員のメリットである業績悪化時の給与の保障を導入した。契約は社員と議論しながら決めるといい、成果報酬とリスクヘッジのバランスをそれぞれ調整している。

「これで精神衛生が保たれるだけではなく、よりチャレンジングなキャリア形成を推進することができていると思う」という。

次にフリーでは難しい自身のブランディング向上のため、クライアントワークだけでは

なく、研究開発にも取り組んでいる。「まだ不十分ですが、新たな技術を持つことでブランド力を向上し、それを周知させて認知度を上げる。それで個人では出会えなかった、受注することができなかった仕事をOUTLIERが営業的な部分を肩代わりして、社員にマッチングできる」と説く。

こうした自由度の高さを守りながら、不安やリスクを解消することが「一番の社員のウェルビーイング」と力を込める。「フリーの特色であるプロジェクト選択の自由、労働環境の自由は確保され、ウェルビーイングの項目のほとんどは達成できてしまいます。これは単純に周りの人に幸福になってもらいたいからです。設立から日が浅いため、取り組みの効果はこれから表れてくると思いますが、現状では離職者が一人も出ておらず、給与も業界平均と比べて約1・5倍であることが確認できています。それが可能なくらい社員の生産性が高いとも言えます」と胸を張る。

Purpose 3 ≫日本全体の〝OS〟をアップデート

西村は「データサイエンティストによるデータ分析をビジネスの意思決定に応用できるチャンスがいくらでもある」と断言する。だが、データサイエンティストが少なく、費用面などで中小企業や個人ではなかなか活用できる状況ではないことが課題と考え、データサイエンティストの人材育成に取り組もうとしている。さらに、エンジニア以外の人たちにも統計学の面白さを伝えていくことにも興味があるという。

「アメリカではもう既にデータをさまざまな分野で活用していこうという風潮がある。日本ではまだまだこれからですが、義務教育に統計学がカリキュラムの中に導入されて、統計学を当たり前に習った人が多くを占めるようになれば結構変わってくるかと思います。でも、それを待っているわけにもいかないので、統計学の普及のために取り組んでいきたいと思います」と語る。

実際、統計学的に見た競馬や麻雀の勝率分析や寿司店の経営を経営指標データから分析するといった身近なテーマで、統計学やデータ活用を教える動画をＹｏｕＴｕｂｅで配信するなどの取り組みもしている。

「日本ほど成熟した国の場合、何か一つを変えたからといってドラスティックに全てが変わることは望めない。地道に分析手法や統計学をビジネスに活用する人を増やしていくことが大事だと思います。そういった正しいことをコツコツとやっていくのが日本経済には必要だと思う」と提言する。

西村は地方自治体や中小企業など日本を支えるところでこそ、データサイエンティストのデータ活用の力を生かしてほしいと願う。「データ活用するといいことがあるという価値観を広げるために、優秀な人を集めて、育成して、OUTLIERが日本最高レベルの技術者集団となって、先端的な取り組みを日本で増やしたい。それが日本全体の〝O

S〃のアップデートにつながっていけばいい」と、データサイエンティストらしくこの国のゆくえに思いをはせている。

キーワード≫怠惰を求めて、勤勉に行き着く

西村は、阿佐田哲也作の小説「麻雀放浪記」で、主人公のギャンブラー坊や哲に、師匠がかけた言葉「怠惰を求めて、勤勉に行き着く」が座右の銘だという。自身も学生時代から麻雀好きだったことから、この名作に親しんだのだが、この言葉がビジネスの場面、ひいては日本社会にも広く通じると感じている。

「これまで日本では苦労したら必ず報われるという発想だったと思う。少子高齢化で経済が停滞していく時代になるので、効率化を進めて、楽して、怠けることも大事。そこで生まれた余剰で新たな生産ができる。そのために、データサイエンスやITを活用して、一生懸命データを分析したり、システムを開発したりして、『怠惰を求めて勤勉に行き着く』みたいな姿勢が大事なんじゃないかな」と笑顔を見せた。

より優秀な医師が育つシステムで患者がより良い医療を受けられるように

株式会社エディアンド
代表取締役 副田（そえだ） 義樹（よしき）

1979年生まれ、東京都出身。大学在学中から医療システムの開発としてキャリアを開始し、医療用画像システムの企画や販売に携わり、放射線科デジタル化の黎明期に貢献。その後、新製品の企画責任者や販売戦略立案を担当した後、2018年度にエルピクセル株式会社へ移籍。同社ではAIを活用した疾患検出医療システムの企画、販売に従事。2019年10月に株式会社エディアンドを設立。AI技術を用いたプロダクト開発やデータベース構築に取り組んでいる。

Purpose 1 ≫ 医師の負担削減

ＡＩなどのテクノロジーを活用して、医療分野における教育システムの開発に取り組む株式会社エディアンド代表の副田義樹は、医療用画像システムの企画や販売に携わり、近年ではＡＩでレントゲンなどの画像から疾患を検出するシステムを扱っており、医師との共同研究などを行ってきた。

その中で、医療系大学の教員である医師は、教育と研究、診療の三つの業務をこなさなければならない。最近では新型コロナウイルスの感染拡大によって、ただでさえ医療の分野でも負担が大きいのに、リモート授業の対応などで教育の部分の負担も増加しているという実態を知った。

副田は「医師にとって、臨床、研究、教育を職務とする中、大学では教育の業務負担が非常に大きくなっており、本来の責務を全うするのが困難になる医師が大半を占めています。そこで、テクノロジーを活用し、医師の教育に生かすことができないか、と相談されたんです」と明かす。

長年、医療分野のシステムに関わってきた副田だが、医師の教育という分

【事業内容】AI教材の開発・提供、問題作成プラットフォームの開発・提供
【創立】2019年
【従業員数】18人
【URL】https://www.ediand.co.jp/

野には全く携わってこなかった。「テクノロジーで学生と教員の両方をサポートできないかなと考えた。良質な教育を学生に届けることができれば、質のいい医師が育つでしょうし、逆に教員をサポートして、教育の負担が減れば、臨床と研究に力を割けるので、医療全般が良くなるんじゃないか、と考えて起業することにしました」と新たな分野への挑戦を決意する。

副田は「EduTechといわれる教育に関するテクノロジーの分野は、小中高までの基礎教育に関してはある程度DX化が進んでいるが、医療のような専門領域だとほとんどされていない。それはマーケットが狭いから教育分野からは進出しにくいが、逆にこれまで医療とテクノロジーに専門的に関わってきたので、用語などの知識もあるし、デジタル的な要素を取り入れていって、より効率的に専門的な学習を展開するシステムを作れるだろう

と考えました」と振り返る。

Purpose 2 ≫ 医療教育のＤＸ化

医療教育のＤＸ化に取り組もうとした副田は、試験問題の作成が大学教員の負担となっていることを知る。「問題作成は、難易度を配慮しながら、あらゆる分野を網羅しなければならず、一から文献に当たり、日々更新される医療情報と照らし合わせなければなりません。業務時間外に行うことも多くて、年間でトータル１００時間近くはそういったものに時間を取られているというんです。この負担を医師から取り除いてあげられるシステムがあれば、数億円かかっても全く高いとは思わない、むしろ安いと言われた」と明かす。

そこで副田は、神奈川歯科大学と業務提携して、歯科医師の作問業務をサポートするウェブアプリ「ＥＱＩＯ（エクイオ）」の開発に取り組んだ。「単純に問題を読み込ませて、分析するのですが、教科だけでも20ジャンルぐらいに分かれる。さらに疾患ごとに分けたりすると、問題数が少なすぎる。そこで約５０００題にも及ぶ問題を一問ずつ細かく解体して、必要な情報を付与し、ＡＩにきちんと学習させていくというアプローチを取ったので、本当に大変でした」と述懐する。

「EQIO」は、国家試験出題基準の対応はもちろん、各教科に含まれるキーワードなどを指定して、意図した範囲の問題を自在に生成できる。さらに作問領域が教員の関心分野に集中してしまわないように、出題分野を均一化して、これまで出題されたことのないオリジナル問題を作成できるという。

「いったん作り上げてリリースしていますが、作り上げてみて気づくことがたくさんあったので、次のバージョンではより多くのパターンで問題が生成できるように作り直しをしている」と語る。

さらに「作ってみて分かったのですが、構造分解そのものは他の医療領域も全部同じように応用できると思う。歯科以外にも医療系の国家試験はたくさんあるので、それぞれのジャンルに特化して、横展開すれば、さまざまな医療分野の問題作成のソリューションが提供できるのではないか」と展望している。

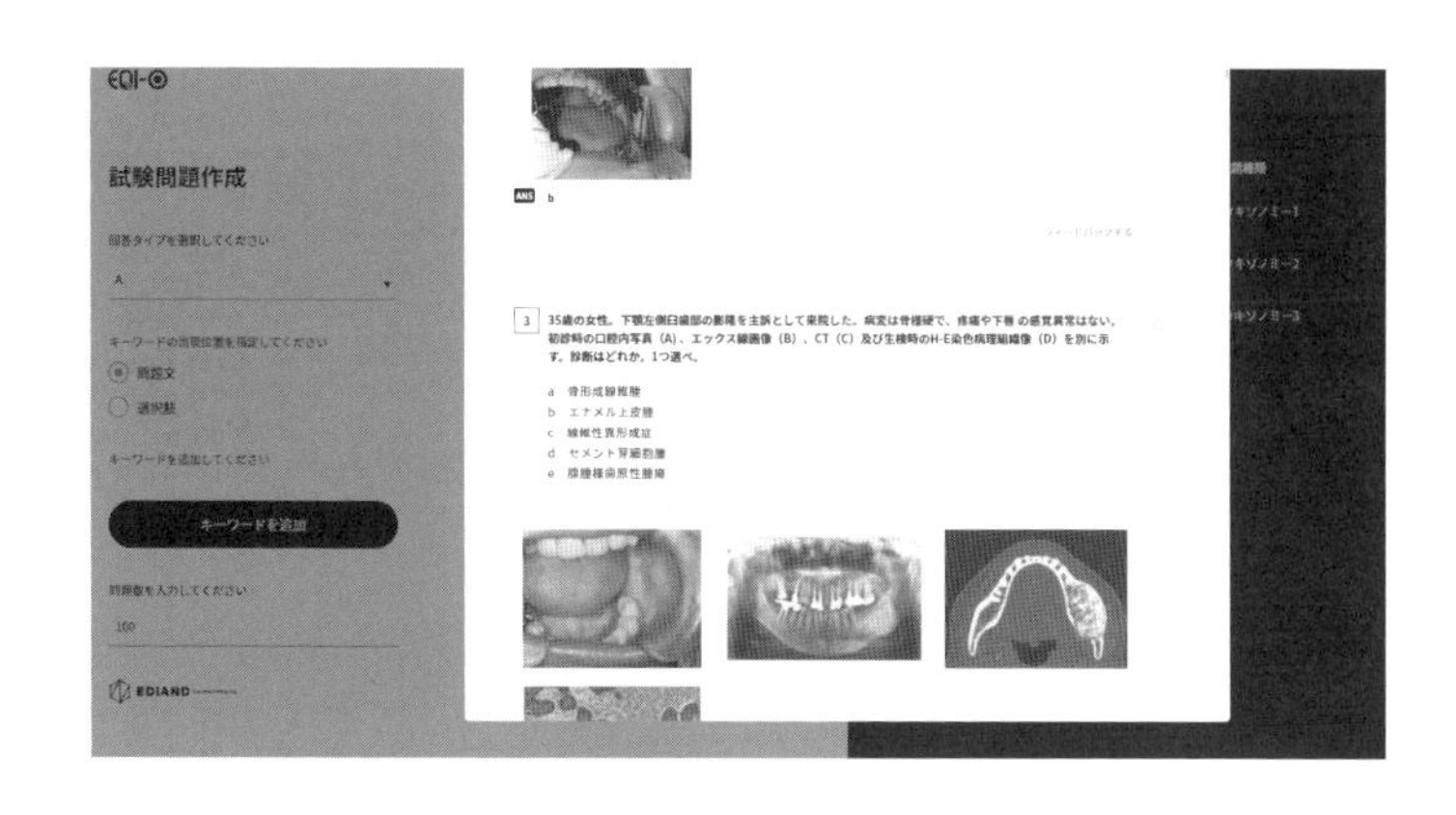

Purpose 3 ≫ よりよい医療教育

副田は、さらに一歩進めたプロジェクトとして、歯科医師国家受験合格を目指す学生向けの自習支援用システム「DentiStudy」も開発した。AIを活用して、学生一人一人が持っている個性や能力、適性に合わせてプログラムを進めていく学習方法「アダプティブラーニング」をサポートするアプリケーションで、学生が自分でアプリを使って、問題を解いていくと、学習動向を分析して、「もっとこのジャンルは勉強した方がいい」とか、「このセッションを受けろ」とサジェスチョンをするなど、それぞれの苦手分野、得意分野を可視化して、個々の理解度や達成度などの進捗状況に適した学習メニューを作り、学生一人一人に的確な教育をピンポイントで届けられるようにしたいという。

　さらに一人一人の学習状況を定量的にきっちりとデータ化して、教員がメンターとして個人個人のレベルに合わせてコミュニケーションを取れるようにシステムを改良しているという。そのうえで、「自動作問システムで作った問題を課題として出題することで、システムが一つの輪を描けるようになる」と考えている。

　将来的には講義も動画として提供して、より専門的で高度なレベルの学習をネットワークで利用できるようにしたいという。「大学を超えて、この分野ならこの先生が詳しいとか、教える側も講義のレベルに対して評価をもらってそれでステータスを上げていくこともできる。臨床系の医師が教育へのモチベーションを持つきっかけにもなる」と期待する。

　コロナ禍で各大学もやはり完全リアルではなくて、非接触で従来の業務が執り行えないかという取り組みは常に考えるようになり、副田は「こうしたシステム導入には追い風が吹いている」と感じている。

　そして「システムを活用してもらい、教育のレベルを上げていけば、より優秀な医師が育っていくので、患者にとってもより良い医療を受けられるようになる。社会的にも大きな意味があると確信しています」と胸を張る。

キーワード》教育を科学する

副田に持続可能につながるキーワードを聞くと、「最初にシステム開発への協力を相談された医師から『教育を科学する』と言われたことがずっと心に残っている」と答えた。「私は技術者として、教育にテクノロジーを入れるのに当たって、技術的な難易度が高いか低いかといったところよりも、科学的に裏付けされていて、社会に適合した技術をいかに実装していくことで社会に貢献できるかがポイントになると思っています。教育を科学して、より良いものにしていくことそのものが、現代における持続可能な社会へとつながっていくと考えています」と解説する。

人はそれぞれ役割を持つ一つのピース 役割を生きることで周りに良い影響を与える

株式会社 Central&Mission

代表取締役 西澤 裕倖（にしざわ ひろゆき）

1988年大阪府吹田市出身、甲南大学マネジメント創造学部卒業。2011年大学在学中に携帯販売事業で起業。その後、プロの心理カウンセラーに師事し、潜在意識の書き換えを専門とした心理セラピストとして活動を開始。心理セラピストとして活動後、2018年株式会社Central&Missionを設立。心理セラピスト歴12年。

Purpose 1 ≫ 家族を幸せにするカウンセリング

心理セラピストとしてカウンセラーの育成などに取り組んでいるCentral＆Mission代表取締役の西澤裕倖は、大学在学中の２０１１年、iPhoneの販売事業を起こし、成功を収めた。順風満帆と思われた時、学生結婚した妻が子育ての問題で悩みを抱えていた。「子供の頃から心の問題には興味があったので、妻を何とか助けられないか、と思って、事業で稼いだ資金を投じて、カウンセリングを真剣に学びました」と明かす。

カウンセリングの研究を続けていた西澤だが、妻との価値観の相違から離婚を考える日々が数年続いた。ある日、妻との離婚を決意するほどの大げんかをしてしまう。その日、偶然にも3件の来客があり、そこで全てのクライアントからも同じように離婚の相談をされる。話を聞くと、全員がパートナーへの「責任転嫁」をしていて、自分も同じような境遇だと気付いたという。そのタイミングで〝神からの啓示〟だと悟り、改めて自分の心を整理し始め、数年の時間をかけて、妻との仲が改善されるようになった。それ以後「妻のことも心から

【事業内容】カウンセリング、カウンセラーの育成
【創立】2018年
【URL】https://central-mission.net/

尊敬できるようになり、妻からの応援も受け、仕事も一気にうまくいくようになりました」と振り返る。

それをきっかけに西澤は新たな気づきにたどり着く。「人の問題解決のためにカウンセリングをしても、そのうちまた同じような悩みを抱えるようになる。問題を解決するよりも、その人の使命はこれだということを見つけて、そのために生きるということに気づくと、問題が問題じゃなくなる」と解説する。

こうして「Central（中心）にあるMission（使命）に気づいて、人生を変えることができる人を一人でも多く増やしていく」という理念を掲げて、「Central & Mission」を設立した。西澤は、世界中のさまざまなカウンセリングの事例を調査し、実践を行うということを繰り返して築き上げたオリジナルの手法を基に、カウンセラーの育成事業と、経営者などに向けた個人的なコーチングなどを行っている。

さらに、カウンセリングの技術を生かして、一般の方々にボランティアで無料カウンセリングも行っている。西澤は「コロナ禍で、在宅ワークが増えるなどして、家族との距離が変わってしまい、それまで出ていなかった問題がどんどん噴出してきている」と指摘。こうした家族を幸せにするためのカウンセリングにも取り組んでいる。

Purpose 2 》SDGsを活用した人材育成

カウンセリングの事業を展開する中で、西澤は大阪の青年会議所（JC）に参加。イベントの幹事を務めるなどの活動をしていた。

「カウンセリングをやっていて、限界を感じていて、もっと世界を広げられないかと思っていた。そんな時に全国のJCの中心である日本青年会議所に出向しないか、という誘いがあった。JCは世界的な組織で、国連の傘下にあったので、世界につながると思った」

と新たな一歩を踏み出した。

そこで西澤は意外な機会に恵まれる。2017年に国連NGOやNPOと一緒にSDGsを子供たちと一緒に学ぶという企画に参画し、米ニューヨークの国連本部に中高生を連れて行くこととなった。

西澤は、子供たちとニューヨークのホテルで5日間缶詰になって、SDGsの歴史を学んで、さまざまな問題がある中で、どうやってSDGsを活用した人材育成を生かしていくか、といったことを一緒に考えて、プレゼンテーションを作るという経験をする。

最後に子供たちが国連本部でプレゼンテーションを行い、満場のスタンディングオベーションを受ける姿を見守った。「それまで『発表なんか全然私できない』といっていた子が人前に立って、すごい発表ができた。子供がこんなに変われる機会ってあるんだ、ともの すごく感動した」と熱っぽく語った。

西澤は「ＳＤＧｓというのは、一つのきっかけにしか過ぎないかもしれないが、そのきっかけを知るということで、多くの人々が２０３０年までに意識が変わっていって、地球のため、世界のためという意識になっていくということがすごく美しいことだと思った」といい、ＳＤＧｓを活用した人材育成をしようと考えた。

若手経営者の団体であるＪＣは40歳までという制限があるため、一緒に国連発表に参加したメンバーと新たに「一般社団法人ＵＮ　ＳＤＧｓ人材育成機構」という組織を立ち上げ、特に子供たちにＳＤＧｓを学んでもらい、さまざまな問題を解決できる人材を育てるための活動を始めた。

Purpose 3 》子供たちの国際交流を支援

「UN SDGs人材育成機構」の副理事長を務める西澤は、SDGs4番の「教育」をテーマに外務省と連携して、2019年に新たな取り組みを企画した。

エジプト・カイロ大学日本語学部の学生と日本の中高生が交流し、両国の発展と世界平和をいかに導いていくかをテーマに、カイロでプレゼンテーションを行うというものだった。この様子はNHKが取材し、全国ニュースとして放送された。

西澤は「このときエジプトに連れて行った子供たちは、それぞれ自分で夢を見つけて、海外の大学に行ったり、学生で起業を志すなど、高い意識を持って成長しています」と活動の意義を語り、翌年にはオーストラリアでの活動も計画していたが、コロナ禍のため中止となってしまう。

そんな中、西澤はカンボジアの学校修繕プロジェクトにも寄付者として参加し、現地で閣僚から表彰されたり、日本の東大に当たるプノンペン大学の日本語学部の校舎新設の着工式でスピーチをするなど世界の教育支援に力を入れている。

こうした活動の原点は、自身が大学時代に感じた日本の教育への疑問が底にあるという。

「日本では、中学、高校、大学に行って、就職するというレールが敷かれているけど、自分のやりたいことがあれば、リスクを取ってそこに挑戦するような意識を育む教育が必要だと思った」と指摘する。

そのために子供たちに国際交流の経験をさせたいと考えている。「国際交流の意義は、子供たちが海外の文化に触れると、大きな衝撃を受けて、パラダイムが変わる。ニューヨークやカイロで発表を行った子供たちがものすごく成長したのを目の当たりにして、こうした経験をすれば、日本や世界の中で活躍できるリーダーに育っていくと実感しました」と力を込める。

西澤は今後、世界中の国々で子供たちに特別な機会を共有し、「Central & Mission」の事業としても世界中に拠点を置いて、子供の教育を支援していきたいと考えているという。

キーワード》使命

西澤は持続可能な社会を作るためのキーワードとしても「使命」を挙げる。

「人前で話をするとき、『みなさんには使命がある。その使命を果たすために、生きてください』と呼びかけるんです」といい、「人は、社会や地球という中で、それぞれ役割を持った一つのピースとして生きていて、その役割を生きていくってことによって、周りの人々にも良い影響を与えていくからです」と解説する。

さらに「人間は使命を見つけることで、自分の生き方が確立する」という。「使命が見つからないという人は、見つけようとする気がないだけ。逆に言うと、使命を見つけようとすれば、自分自身と向き合い、ブレずに生きることができる。多くの人にそれぞれの使命を見つけてもらうための活動をしていきたい」と、西澤は自身の使命を語った。

生物多様性について考える
プロジェクトを推進

関東学院大学

Purpose 1 ≫ 大学の社会連携

関東学院大学（横浜市金沢区）で2022年9月21日、「『生物多様性』について考えて、行動するプロジェクト　トレイマットデザインコンテスト」の授賞式が開かれた。

コンテストは、同大人間共生学部が社会連携の取り組みとして、日本マクドナルド、横浜市と実施し、今年で2回目。デザインプロデュースの講義の中で、マクドナルドのサステナブル（持続可能）な食材・資材の調達などの取り組みと、横浜市の生物多様性の施策について学び、マクドナルドの店内で使用するトレーに敷くマットに生物多様性を考えるデザインをした。74点の応募があり、1次選考を通過した16点が横浜市庁舎やオープンキャンパス時に学内で展示され、約1300に上るオンライン投票の結果、同大2年の尾山日菜さんが最優秀賞を受賞した。

【創立】1859年
【URL】https://univ.kanto-gakuin.ac.jp/

Purpose 2 ≫ ＳＤＧｓを身近に

作品はアメコミ風にコマが割られたデザインで、吹き出しの中で適正な漁法で取った魚を調達していることを認定するＭＳＣ認証などサステナブルな食材・資材調達の認定マークについて説明している。尾山さんは「自分で作品を作ってからは、社会課題についてきちんと知ろうと思って、いろいろな問題を調べるようになった」と話す。

日本マクドナルド広報部の石黒友梨マネージャーは「産官学民が連携して取り組むことに大きな意義がある。投票などでみんながアクションを起こして、ＳＤＧｓ（持続可能な開発目標）を身近に感じてもらえている」と話した。

キーワード》社会課題に意識を持つ

プロジェクトを担当する共生デザイン学科の佐々牧雄教授は「オープンキャンパスなどで取り組みを紹介することで関心を持った高校生からの反応が大きかった。また、卒業論文でＳＤＧｓに関連づける学生も出るなど、プロジェクトが社会課題に意識を持つきっかけになっている」と手応えを語る。

個が自立して自身の価値観や想いを発信することが必要になる

株式会社DaN

代表取締役 **西之園 洋佑**（にしのその ようすけ）

1988年東京都出身。2012年慶應義塾大学文学部民族学考古学専攻卒業後、2013年農林水産省入省。2014年収益不動産を取り扱うベンチャー企業へ転職し、7年間不動産投資および管理業務に従事する。その後、大手小売ブランドの不動産運営本部会社に転職し、部門長として事業運営を経験したのち2022年11月に株式会社DaNを設立。現在は賃貸管理業務効率化・改善サポートおよび不動産を活用した資産形成運用サポートを提供している。

Purpose 1 ≫ 人のために働きたい

賃貸住宅の管理の効率化支援と不動産を活用した資産形成に取り組むDaN代表取締役の西之園洋佑は、大学卒業後、農水省に入省した。「人の役に立ちたいとの思いが強かったため、自分の利益や会社の利益よりもソーシャルサービス、人のために働けるイメージのある、官公庁を目指した」という。

入省後、農業の6次産業化の研究開発推進等を担当したが、「世界が狭かったといいますか、官僚の世界は内向きで、予算をいかに取りに行くか、使い切るかということを優先しているように見える方々の姿を見て、感覚的にそうなりたくないなと思ってしまった」といい、「サービスを提供すべきお客様の顔が見えない」ことに矛盾を感じ、1年弱で辞めることになる。

「いわゆるエリートコースのレールから完全に外れるので、しっかり自分の力をつけて、自分の実力で自身の生活や想いを実現できるようにな

【事業内容】賃貸管理業務効率化・改善サポート、不動産を活用した資産形成運用サポート
【創立】2022年
【従業員数】1人
【URL】https://www.d-a-n.co.jp/

らないといけない。そこで、自身で創業してビジネスをしている創業社長の近くで勉強させてもらうために、ベンチャー企業に行くしかないと思いました」と決意をする。

エージェントに、経歴ではなくこの想いとポテンシャルを買ってくれる企業を、と依頼して紹介されたのが、当時まだ取り扱いの少なかった収益不動産を扱うベンチャー企業だった。「当時社員は10人ぐらいでしたが、ピリッとしていながらも、和気あいあいとしており、雰囲気が良かった」と自分に共鳴するものを感じ入社した。

そこで、中古アパート・マンションの不動産運用、賃貸管理業務を担当。入居者の募集から家賃の集金、管理運営など付随する大部分の業務を行った。「アパート経営は給与所得だけでなく、もう一つ別の収入の柱を作れるため、仮に本業の柱が崩れるなどしても、生活を立て直したり、より豊かな生活を送ったりするのに非常に有効な手段だと実感する期間になりました」と語る。

「人の役に立ち、感謝され、その対価をいただくという意味で、不動産投資による資産形成や、物件の管理業務の効率化や品質向上というのはやりがいがある」と感じた。だが、「7年間の実務を積み、別の不動産会社で事業運営やマネジメントを学ぶ中で、自身の知見やノウハウをより広く不動産業界のために還元したい、力を尽くしたいとの思いが膨らんでいった。とはいえ簡単には決断ができず悩んでいたところ、妻が『グダグダしていないで、早くやりなさい』と背中を押してくれた」といい、約3年間の事業部長の経験を経て独立を果たす。

Purpose 2 ≫ 不動産管理の専門家としてサポート

不動産業は仲介手数料が入る売買仲介業が花形だが、西之園はあくまでもサポート役だと強調する。「不動産経営は人生を豊かにする有効な手段だが、初心者に敷居が高い。1棟目を買う時に失敗してしまうケースもあり、それでは本末転倒。賃貸物件の管理をしていた目線で、購入から運用まで伴走し、フォローしていくのが役目。物件を購入したいという方に、提携している信頼できる業者を紹介し、物件を探してもらう。また、物件購入後の管理会社のご紹介もします。運用管理をしていた目線で不動産投資を語る人というのは、今まで基本的に少なかった。不動産経営の専門家としてサポートできるので、安心感を持ってチャレンジしてもらえる」と説明する。

一方で、事業の主軸としては不動産管理の専門家として、不動産管理会社の業務改善や

ＤＸサポートを行っている。「賃貸管理専門で10年以上の経験を蓄積している人は非常に少ないので、業界でも意外とノウハウがたまっていない」と指摘する。

不動産業自体、年齢層が比較的高く、ＤＸ化もかなり遅れている。「10年前に業界に入った時にもファックスが使われており驚いたが、いまだに使っている。ＳａａＳ企業さんやＳＩｅｒさんがＤＸを推進しようと業界内でも機運が高まっていますが、事業会社側にそういう方と会話する共通言語がなく、全く噛み合っていないので、間に入り、通訳をしてあげるだけでも大変喜ばれます」と苦笑する。

さらに、賃貸管理は業務が多岐にわたって複雑だが、マネージャー層の人材も不足しているため、管理が非効率になったり、十分な管理ができていなかったり、という課題も抱えているという。西之園はマネジメント力強化のための組織のあり方やマネージャーの育成などのサポートも行い、自らの経験を生かして業界全体の効率化に取り組んでいきたいという。

Purpose 3 ≫ 不動産経営で社会課題を解決

西之園は、「働く人が自身と家族の時間（団らん）を大切にできるように」「仲間との絆（きずな）や一体感を大切にできるように（団結）」「人生のステージを一つ一つ上がっていけるように（階段）」という実現したい三つのビジョン（だん）にちなんで、社名をＤａＮ（だん）としたという。

「結果論なのかもしれませんが、これまでに社会課題を解決することをどうビジネスにつなげるかということに取り組んできていたように思います。人生１００年時代、老後２０００万円問題が叫ばれて、資産運用の機運が高まっている中で、まだまだ不動産業は不透明に感じられるところも多いのですが、きちんと情報をオープンにして、できる人はどんどん活用してもらえるようになれば、人生１００年時代の資産運用手段の一つとして不動産経営が確立していくと思う」と語る。

さらに、少子高齢化が進み、過疎化や土地の相続、空き家問題が、特に地方で深刻化しているが、適切な不動産経営がその解決の糸口になる可能性もあるという。「人口が一気に増えた時期、各地でアパートがたくさん建てられました。その時の物件は今空室がたくさん出ているケースがありますが、買取再販業者がそういう物件を買い取って、きれいにリフォームして募集をしたところ、人気が出て100世帯程の空室が一気に埋まってしまった。住民が増えて、近くにコンビニエンスストアができたりする事象が起きて地域の活性化につながっているような事例もある。また、相続の準備としても資産としての不動産の所有は注目されている」と期待する。

西之園は、企業経営で「必ず相手に何かしらの価値提供をすること」をモットーとしており、「約10年不動産業界でお世話になってきたからこそ、事業を通じて不動産に関わる人の力に少しでもなれるように、『DaNのおかげで人生がより豊かになった』という人を着実に増やしたい。それが育ててくれた不動産業界への恩返しになれば」と力を込める。

キーワード≫個人

これまでの日本では「大企業や団体に入って、ある程度出来上がったレールを確実に進んでいくことが幸せにつながると信じられてきた」が、これからは「個人の時代」となり、「個の価値観や理念を大事にして、それに合う人や共感する人が集うコミュニティーが形成される。それを社会も大事にする。そのために個が自立して自身の価値観や想いを発信することが必要になる」と指摘する。

「働く人が自身と家族の時間（団らん）を大切にできるように」というビジョンには、「人生には仕事以外にも大事なことはたくさんある。人によっては友人関係や没頭している趣味の方が、仕事より優先順位が高くていい。そんな多様な『大切なこと』の中でも、家族との時間から生まれる精神的な豊かさも大事にしてほしいという思いを込めています」といい、「個人」の幸せの大切さを語る。

やりたいことをやりたいだけ ただし責任を伴って

株式会社D-GHOST

代表取締役／クリエイティブディレクター 稲妻（いなずま） 大樹（ひろき）

1989年生まれ、宮城県出身。大学在学中から建築・インテリア・プロダクトデザインを手掛ける株式会社ドラフトにて勤務し、上場までの間の人事責任者として採用・育成・労務・人事企画領域全般を手掛ける。その後、国産ERPパッケージベンダー大手の株式会社ワークスアプリケーションズでのエンジニア採用・ブランディングマネジャーを経て、2021年2月に株式会社D-GHOSTを設立。「人事に強いデザイン会社」の代表兼クリエイティブディレクターとして、企業のWEBや動画コンテンツをはじめとしたデザインプロジェクトのマネジメントや業務コンサルティングを手掛ける。

Purpose 1 ≫ 人事に強いデザイン会社

「人事に強いデザイン会社」という D-GHOST の代表兼クリエイティブディレクターの稲妻大樹は、大学在学中から創業間もないデザイン会社の「一人目人事」として、採用に関する企画や運用はもちろん、採用広報のクリエイティブづくりも担当した。

その中で、「クリエイティブの制作を業者に外注することになると、当時の自身の知識不足などが原因でどうしてもコミュニケーションミスが発生してしまい、スケジュールやクオリティーに不安のあるプロジェクトになってしまう。元々自分自身も制作自体は好きだったので、自分でも手を動かしながら我流でクリエイティブのマネジメントをやっていた」と稲妻は語る。

他の企業の事例などを聞くと、人事担当者に制作のディレクションをできる知識やスキルがないため、予算を使っても満足のいくものにならず、一方で制作サイドの話も聞くと、発注者とのコミュニケーションが

【事業内容】ブランドデザイン、WEBデザイン、動画コンテンツ制作、組織開発・人材開発
【創立】2021年
【従業員数】8人
【URL】https://d-ghost.co.jp/

うまく取れずに、何度も手直しをさせられるなど、「どちらも損をする構造」になっていたという。

発注側の人事担当者がクリエイティブを作るためのディレクションのスキルを持たず、受注側の制作会社が人事に求められる採用やマーケティングに関する業務プロセスを分かっていないため、情報格差やコミュニケーションミスにより失敗したプロジェクトがたくさんあることに気付いた。

求人サイトなどで人事担当者がクリエイティブを簡単につくれるというサービスもあるが、工数削減に寄与するツールである一方で、求職者とのタッチポイントをより魅力的で効果的なものにするには、それだけではまだ不十分であり、採用のプロセスやマーケティング的な考え方を理解して、ウェブサイトや動画コンテンツを作れるクリエイターの存在は希少価値が高いのではないかと感じた。

稲妻は「『顧客の業務知識やビジネスロジックを高度なレベルで理解できるデザインチーム』を立ち上げることができれば、顧客企業に対してより効率的なデザイン支援をしつつ、集まるデザイナーやクリエイターたちにもより質の高い仕事を提供できるのではないか」と考え、起業に踏み切ることになる。

Purpose 2 ≫ デザイナーやクリエイターにとってのウェルビーイング

起業はコロナ禍のまっただ中だった。「リモートワークの普及や、副業のハードルがぐっと下がった。クリエイティブツールの一般化に伴って、未経験からデザイナーやクリエイターになることのハードルもだいぶ下がっていて、在宅でデザイナーや動画のクリエイターの仕事をしてみたいというプレーヤーが増え、人材を獲得しやすくなって、起業するならまさにあのタイミングだなと思った」と振り返る。

一方で、スキルはあるのに仕事が取れないデザイナーがいたり、あるいは発注側の理解が及ばず結果的に無理難題を押し付けられてパンクするプロジェクトの話も多く見聞きし、「クライアントには満足のいくクリエイティブを提供しつつ、デザイナーにもやりがいのある仕事を任せられる環境を作れないか」と模索した。

そこで出した答えが、クリエイティブ制作を行う上で、顧客接点のマネジメントをディレクターが一手に担い、デザイナーの自由度を可能な限り高めることが、デザイナーのパフォーマンス向上とクライアントのメリットを最大化することにもつながるということだった。

具体的には、副業・兼業を自由にして、自分のスキルアップのために自己責任で社外案件にチャレンジすることを許可した。

もちろんフルリモートワークで、海外での勤務者も在籍している。さらに、社内定例会議をやめて、「都度値決め」のルールで、プロジェクトの予算を元に自分のアウトプットに自分で値段を付けるようにした。その代わり、クオリティーやスケジュールにはかなり厳しく取り組んでいるという。

こうした発想は、会社員の頃から「目的達成に関係のないことにコストを割きたくない」と考える面倒くさがりなタイプだったからだといい、「似たような考え方をするタイプ、要は『制作に集中したい』という人が特にデザイナーやクリエイターには多いので、無駄なことに時間を使ってもらうよりも、自分が好きなことをする時間、好きなものを作る時間にこそ、時間を割きたいという考えを尊重することがデザイナーやクリエイターにとってのウェルビーイングにつながり、その分パフォーマンスを高めて、クライアントに貢献することへの責任を感じてもらえれば」と語る。

こうした取り組みの効果で、創業2年しかたっていないにもかかわらず、クライアントからの評価は上々といい、デザインコンペでも80%以上の勝率を維持できている。また、「D-GHOSTの仕事をやりたい」とデザイナーやクリエイターから言ってもらえるようになったと手応えを感じている。

Purpose 3 ≫ 人事担当者の無駄なストレスを無くす

稲妻は、コロナ禍で求職者側の視点でも大きな変化があったという。「新卒の大学生が就活で使うツールはそれまでほとんどスマートフォンだったが、大学の授業がリモートになったため、PC使用率が一気に過半数を超えた。それまでは会社説明会に連れてきて、そこでプレゼンテーションができていたが、今はオンラインセミナーでも、世界観やメッセージを伝えなくてはいけない」と分析する。

さらに大手の求人サイトだけを見てエントリーするのではなく、コーポレートサイト、口コミサイト、Twitter、Facebook、インスタグラム、YouTubeなどさまざまなものを参考にして、応募しているという。「昔は1人で100社エントリーとか当たり前でしたが、今の学生さんは大体30社ぐらい、多くても40社ぐらいというデータも出ていますといい、採用活動のあり方も、欲しい人材のモデルを作って、そこから逆算して、どういう母集団に対して、求職者に乗っかってもらう前のタッチポイントのデザインをどうするか、どんなアプローチをしていけばいいのかということを分析して提案しないといけない」といい、それは「人事担当者の本来の仕事である『採用成功』にいかに集中させられるか、という観点を持つことが大事」という。

今後について、「現状はスケールメリットを出しにくい業態でもあるので、無理な規模拡大は全く考えていません。とはいえ、少数のクリエイターだけではできないプロジェクトがあることも事実なので、今の自由度や機動性の高さを保ちながら、より面白いプロジェクトを手掛け、社会に貢献することができる組織づくりを模索しています」と語る。

キーワード

やりたい人がやりたいことを やりたいときにやりたいだけやる。 ただし責任を伴って

稲妻は「やりたい人がやりたいことをやりたいときにやりたいだけやる。ただし責任を伴って」というフレーズを大切にしているという。「自分自身、性根のところは面倒くさがりなので、『やりたくないことはやりたくない』という気持ちが強かった。それで、自分がやりたいことと、お客様がやりたいといっていることがマッチしたら、私自身もやりたい仕事としてきちんと認識ができる。きっとそれはお客様も同じですし、そういう意味ではお客様をやる気にさせて、『やりたい！』と言わせることも仕事の一つ。うちのメンバーともこの感性で向き合っています」と語る。

さらに「こうした考え方が自分自身の精神的な負荷を下げることにもつながっていて、そういう環境をずっと提供するような存在になっていければうれしいと思います」と笑顔を見せた。

葬儀の多様化と環境に配慮した取り組みに挑戦

増井葬儀社

代表社員 増井 康高（ますい やすたか）

1973年東京都生まれ。1995年東海大学卒業後、入社した会社が半年で経営陣の不正により倒産。がんの母を在宅で介護をしながら仕出し弁当の会社など経て、2005年株式会社メモリード入社。葬儀部門・システム部門・企画部門を経て、2015年株式会社ひまわりコーポレーション設立。2022年増井葬儀社（社名ひだまり手帳合同会社）設立。2022年から現職。

Purpose 1 》遺族に寄り添う

「母の葬儀での葬儀社のスタッフの立ち居振る舞いを見て、素晴らしい仕事だと思った」

増井康高は大学卒業後、会社勤めをしたが、築地の魚河岸で働いていた父とともに、病気の母のため、仕出しなどのアルバイトをしながら介護をしていた。「最期の方は、介護がすごく大変だったので、母を看取って、ほっとしたような、でもすごく悲しい、つらいような気持ちになった。葬儀の時、スタッフが遺族に温かく寄り添って、影のように導いてくれたのが非常に印象的だった」といい、母の葬儀がきっかけで大手の葬儀社に入社する。

約1年の研修を経て、葬儀の運営を行うようになったが、「現場はものすごくアナログな世界だったので驚いた」という。葬儀の見積もりは手書きで、「料理や供花も何度もコピーを繰り返したような発注書で頼んでいたので、『パソコンで簡単にできますよ』と言ったら、〝神様が来た〟みたいな扱いを受けた」と苦笑する。

【事業内容】葬儀コーディネート
【創立】2022年
【従業員数】1人
【URL】https://sougihidamari.studio.site/

思い出の写真をスライドで流すなど、増井が葬儀の現場にデジタルを導入していくのを見て、新設されたデジタル部門に異動することになる。「アナログで紙の世界だったので、事務の社員たちがものすごく苦しんでいて、『私がやらなければ』という使命感もありました。技術はあるけど、葬儀の現場は知らないシステムエンジニアと、ＩＴは素人ですが現場は分かる私と二人三脚で、ネットワークの構築からウェブページの制作、イラストの制作まで何でもやりました」と振り返る。

デジタル化がさまざまな業務にまたがったことから、次第に広報や企画などにも携わるようになり、新店舗や新規事業の立ち上げや、Ｍ＆Ａを行った際に買収先のシステムを調べて経営統合に生かすなど、社の経営的な部分にも関わるようになっていった。

だが、「個人的には『葬儀屋さん』になりたくて入ったので、葬儀に携わる葬祭部に戻りたいと、打診し続けていたんですが、なかなかかなえられなかった」という。そんな増井に転機が訪れる。

Purpose 2 》 葬儀業界のDX化

「ある時東京で、急激に業績が悪化して、それを調べろとオーナーから指示されて、インターネットで営業をする業者が出てきたことが分かった」といい、デジタルを担当してきた増井に白羽の矢が立ち、葬送部門を「DX（デジタルトランスフォーメーション）」して、別会社化することが命じられた。

なぜ別会社化が必要だったかというと、加入者が毎月一定額の掛金を払い込んで、結婚式や葬儀など冠婚葬祭の儀式に対するサービスが受けられる経済産業省許可の「冠婚葬祭互助会」という組織の傘下だったため、葬儀の内容などについて国の許可が必要で、インターネット時代のスピード感にはついていけないと判断したからだ。

突然、創業社長に任命された増井は、自分でホームページとフライヤーを作って、近所にポスティングなどで宣伝していった。すると、最初の月から2件の問い合わせがあり、葬儀を受注できた。「これはいけるんじゃないかってことになって、だんだん人を増やして、少しずつ会社を大きくしていきました」という。

その後、順調に受注を伸ばしていったところ、業界の噂となり、他業者や寺院などから相談を受けるようになった。「葬儀業界最大の悩みは、人手不足。新卒の学生が葬儀業界に勤めたいという確率はものすごく低い。そこで、バックオフィスなどのＤＸ化や、外注の活用などによる業務の効率化が不可欠で、こうした部分のコンサルティングに力を入れたいと考えた」と独立を決意した。

「ずっと葬儀業界にしかいなかったので、井の中の蛙で、今の時代はエンディング産業が広がっていることに気付いた。石材店とか仏具店などの関連業者はもちろん、相続や遺品の整理など終活関連、それに遺族の悲しみを癒やすグリーフケアのサポートなど幅広い。また、介護施設でも看取りからお別れ会まで行うようなところが増えてきて、さまざまな形のお別れの仕方が出てくるので、私の経験とノウハウが生かせると思い、ワクワクしています」と語る。

Purpose 3 ≫ 葬儀のダイバーシティー

独立後、増井は葬儀のダイバーシティー（多様性）を実感した。「50代の25％が未婚とか、ＬＧＢＴＱの方とか、多種多様な家族の形態が生まれていて、いろいろな亡くなり方、い

ろいろな終末期の過ごし方がある」という。
従来、葬儀や相続では、戸籍や血縁が優先されてきたため、ＬＧＢＴＱや事実婚のパートナーは法的に相続が認められなかったり、死亡診断書が受け取れなかったりという問題があるという。「生前に対策をすることは必須だと思う。自分が亡くなった後のことを考えるのは精神的な負担だと思います。でも、認知症リスクもあり、長生きを前提として、家族形態のボーダーレス化をしていくことが必要」と指摘する。
さらに、「デジタル終活」を進めている増井は、デジタル化の進行が多様化を広げているといい、「ソーシャルゲームやオンラインサロンなどインターネット上のコミュニティーがたくさんあって、実は隣近所の人や親戚よりも一緒に時間を過ごしていることもある。でも旧態依然とした関わりでやっていて、特にコロナ禍でより身内だけになってしまっている」と懸念する。「将来的に、SNSなどのデジタルデータをどこかに格納して、AIで分析して、メタバースで故人と話せるようになるぐらいになれば、そこに会いに行って、相談することで相続が解決したり、お墓参りと呼んだりする未来図も描けるんじゃないか」と期待する。

葬儀の多様化という意味で、環境に配慮した棺の取り組みも行っている。「年間150万人ぐらい亡くなっていて、棺を縦に積み上げていくと、大体富士山30個分ぐらいになってしまう。日本は火葬なので、それを燃やしている。そこで国産の間伐材で作った棺ですとか、ダンボールで作った棺にすることで、燃焼時間も

短く、CO_2排出量も削減し、さらに売り上げの一部をモンゴルに植林をする寄付にするストーリー付きの取り組みをしています」と語り、ＳＤＧｓの視点を加えて、持続可能な葬儀にも挑戦する。

キーワード≫コミュニティーとのお別れ

増井は、インタビューの中で何度も使った「コミュニティーとのお別れ」が大事な言葉だという。「死は誰にでも必ずやってきます。しかも、いつ来るか分かりません。その時に、その方の属している集団、コミュニティーとどうけじめを付けるか、残された人がどう引き継いでいくか、という視点が大事」と指摘する。

「葬儀は、送られる人のスマホの中にある人間関係を引き継ぐたった一度のチャンス」という。「亡くなった人は、ただ亡くなって全部置いていってしまうのですが、受け取り側は、受け取るタイミングを合わせるっていうのはとても難しい。お葬式はコミュニティーとお別れするための装置で、それによって何かが伝わっていくと思うんです」と穏やかなまなざしで語った。

人がやらないことをやるという意識を持った行動が大事

株式会社きーとす

代表取締役 森(もり) 弘幸(ひろゆき)

1962年横浜市出身。1986年日本工業大学電気工学科卒業後、同年マスプロ電工株式会社に入社。2012年株式会社ミニーを経て、2017年父の不動産事業を引継ぎ、株式会社きーとすを設立。

Purpose 1 ≫ 代々の地を受け継ぐ

東急東横線妙蓮寺駅（横浜市港北区）から徒歩7分ほどの閑静な住宅地で、不動産業を営んでいるきーとす代表取締役の森弘幸。江戸時代（元禄）より300年以上受け継いできた土地で、アパートや駐車場経営を展開している。

事務所には自作のスピーカーやアンプなど自慢の機器が置かれている。オーディオ好きの森は、大学の電気工学科を卒業後、大手アンテナメーカーに就職。技術営業職として20年以上勤めた後、交友のあった老舗のアンテナメーカーの経営者から誘われて、2012年に転職したが、父が高齢のため寝込むようになったことを機に、2017年、脱サラして、父から不動産事業を受け継いだ。

「若い頃から起業を考え、電気工事関係の仕事をしようと考えていたが、父が個人事業主として、農業と不動産賃貸の経営をしていたので、それを受け継いで、法人化しました」と語る。

「税率も違いますし、法人化にした方が経営もしやすくなり、父の年齢を考

【事業内容】駐車場、賃貸物件管理
【創立】2017年
【URL】https://www.kiitos2017.co.jp/

えると相続対策もしないと土地を残していけないので、父（個人）と法人でうまくバランスを考えて起業しました。父は、アパートや商業ビル・駐車場をもとに個人事業主として経営しており、法人化を決断しましたが、本当に大変でした。コロナ直前だったのが一番大きかった。金利も低い時期で、賃貸アパートを建てました。コロナ禍になっていたら、職人さんも動けず人件費も上がっていたし、給湯器やガスレンジなども入らなくなっていたので、ギリギリのタイミングでした。ハウスメーカーさんからは、『材料費などが20％ぐらい上がるよ』と指摘されていたけど、何とか間に合った」と胸をなで下ろす。

「コロナ禍で、在宅で仕事をすることもあって、部屋が狭くてもう一部屋欲しいといった需要もあり、空室が埋まりました。さらに在宅勤務のため、社用車を持ち帰り、自宅から営業に出たりするという方が駐車場を借りてくれたりして、何とか満車になりました」と明かす。

Purpose 2 ≫ 次の世代への承継

こうして父から受け継いだ森だが、今度は自身から、次の世代への承継が課題となっている。

「やっぱり300年も続いているので、この後は知らないというわけにいかない。何とか今の状態を残すしかない。この後は息子と娘がいますが、どっちかに、この会社をやってもらわないと」と語る。

法人化し、建物はほぼ会社が買い取ったが、土地は森個人の所有で、会社からは地代をもらう形にしている。「もう少し会社に余裕があれば、土地も会社所有に変更していくことで、相続の心配は減少するが、税金もかかるし、登記を変更するだけでもかなりの費用がかかってしまう」と明かす。

では、賃貸で運用しておけばいいかというと、簡単ではないという。「父が建てた最初の頃の物件があと数年で30年を超えてくるので、ネットの賃貸情報で『築30年』と書かれると借り手が付きにくくなる。実際に見てもらえばきれいなんですが、水回りは昔のまま。とはいえ、建て替えるのも大変で、水回りを取り替えると管理費が上がってしまう」と悩みは尽きない。

さらに借り手の志向も時代とともに変化している。「浴室とトイレは別室が当たり前で、風呂の追い焚き機能がないとダメ。自宅にいる頃にあったものがアパートにないと、入居してもらえない。よく『お宅は、家賃収入があっていいですね』と言われますが、家賃が10万円だとすると、8割強は結局管理コストとして消えてしまうので、大家はもうかりません」と嘆く。

そこで「最低限できることを地道にやっていくしかない」といい、例えばゴミ置き場がきれいに使われているかとか、自転車置き場の自転車が倒されていないか、などをチェックしている。「管理会社に委託していますが、毎日来るわけではない。常に入居者って入れ替わるので、一人が崩れると全体が崩れてしまう。完全に人任せにはできない。常に借りる方の立場を大切にし、何事も最終的には自分の目で確認するようにしています」と苦労を語る。

Purpose 3 ≫ 地域環境を維持する

地域に根ざした不動産業は、地域でさまざまな役割を持っているという。

森は跡を継いでから、消防団や民生・児童委員などの地域のさまざまな役職を務めている。「会社を辞めて家にいるのが分かってしまったので、地域の方々から声がかかってしまう。断ってしまうと地域の情報が入ってこなくなるので、大変ですが頑張っています」という。

だが、コロナ禍は地域の付き合いにも影を落としている。「これまでは地域の会合があれば、お弁当やお茶が出てきたものですが、コロナのおかげで飲食はすべて禁止になった。そうすると出席者が減るんです。変な話ですが、やはり変わらざるを得ない」と感じている。

こうした自治会の活動には、賃貸アパートの単身者などはほとんど参加していない。回覧板などのいわゆる自治会の連絡はこうしたところには届かないが、森はアパートに掲示板を設置して、地域に関係がある連絡については、張り出している。

「地域環境を維持するには、良化するも悪化するも不動産業界と住民次第だと思います。たまたまこの土地に生まれてきたので、守らざるを得ない。自分の代で終わらすわけにいかないという気持ちがあります」と語る。

一番根源的なエピソードとして、「古い家などには稲荷を祭った小さなほこらが出てくることがありますが、土地開発をする際にそれが邪魔だといって、神社に納めてしまう地主もちらほら出ています。私も庭のほこらを動かそうとしたら、父からものすごく怒られたことがあります。小さなことですが、こうしたことを大事にすることが地域を維持することにつながっていくのかもしれません」と話した。

妙蓮寺がある港北区は、JR東海道新幹線が停車する新横浜駅や横浜アリーナなどがあり、30～50代の働き盛り世代の人口が中心で、出生率も高い、若々しい地域だ。「人口も増えているので、この地域でだめなら賃貸業は成り立ちませんとよく言われます」と地域への思いを語った。

キーワード》人のやらないことをやろう

森は以前勤めていた会社の経営理念だという「人のやらないことをやろう」を挙げた。「サラリーマン時代の社長の指針の一つでした。その例が、支店で勤務していた時、支店長が朝一番に出社して、トイレ掃除をしているんです。就業時間外です。全員が早朝出勤できませんと苦情をいいました」といい、「同じようなことをある大学の就職セミナーで、講師が言っていました。息子が就職活動をしているときに、『面接に行くなら朝イチで行って、終わったら手書きのお礼状を担当者に送れ』と教えました」と笑う。

「アパートのゴミ置き場を掃除したりしていると、管理会社の人から『そんなことしているオーナーは見たことがない』といわれました。人がやらないことをやるという意識を持って行動するってことが大事だと思う」と語る。

客観的に経営者をサポートする立場で、さまざまな経営者と関わっていく

Runwiz税理士法人

代表社員 西澤 文宏（にしざわ ふみひろ）

1988年福島県生まれ、東京育ち。2010年中央大学商学部卒業。大原簿記専門学校に入社し、社会人課程税理士講座法人税法の講師を経験。2017年大手税理士法人を経て2020年独立開業後、2021年にRunwiz税理士法人を設立し現職。

Purpose 1 ≫ 経営者に寄り添う

西澤文宏が税理士への一歩を踏み出したきっかけは父の影響だった。両親が中華料理店を営んでいて、父が簿記を取っていたため、「自分もやってみよう」と高校生の時に日商簿記を受験した。「簿記は、数字を当てはめて、違う数字を導き出すパズルのような感じで面白かった。仕事内容も経営者の近くで、企業の成長を支援するというのも魅力的だった」と税理士を目指して、大学では商学部に進んだ。

卒業後は税理士の資格を取るために通っていた専門学校に入社して講師を勤めたのち、税理士法人に勤務した。「講師としての仕事は、税理士のいいところを伝える立場だったんですが、実際税理士の実務を行ったときには、社内での作業や期限に追われてパソコンに向かう時間がほとんどで、理想とのギャップを感じた」と明かす。

「税理士は過去の数字をまとめることに時間を費やしてしまっていて、経営者からの相談に対応できる時間が少なかった。経営者は会社の未来を常に考

【事業内容】顧問税理士、創業融資、経理改善
【創立】2021年
【資格者】２人
【URL】https://runwiz-tax.com/

えている。経営者の立場を理解して、同じ立ち位置になって、その思考に寄り添わないと、見ている時点が過去と未来で逆行していて、せっかくの相談にも応えられない」と実感。そこで落胆するのではなく、経営者を支援するという理想に近づけたいと考えて独立を決意する。

「売り上げや仕入れなどの数字は、事業活動上どこかしらにデータを常に持っているはずなので、それをいかに引っ張ってきて、会計に取り込んでいくか、そのための交通整理が一番大事」という。経理のデータを直に取り込めるようにすると、作業時間も減り、経理の人員自体も削減できるようになる。経理担当者も、全体像が見えていなかったり、それまでやってきた作業をただ繰り返していることが多いが、作業を圧縮して余裕を持つことで、単に数字を作る作業から、数字を作った後にそれを分析して、今後の計画への投資のための資金繰りや、損益の目標達成のための資料を、経営者に展開していくべきだという。

「経営者は従業員に弱音を吐くわけにもいかないが、全く無関係の人に内情を深く話せない。一番話しやすいのが税理士なので、過去の数字作りを早く終わらせ、経営者から今後の計画をしっかりヒアリングして、その役割を果たす時間を作ることが重要だ」と語る。

Purpose 2 ≫ スタートアップ支援

経営者に寄り添いたいという西澤は、その延長線上にスタートアップの支援にも力を入れている。そのポイントとして、経営者の経理作業時間の最少化と、事業計画の目標達成支援を挙げる。

「自分もそうでしたが、最初に会社を立ち上げた時は、社長自ら営業しなければならないし、営業以外にも事務的な会社の運営をしなきゃいけないので、やることがありすぎて税金が後回しになる。気持ちはすごく分かるのですが、最初にカチッと設定しておかずに、後で決算になって整えていくのに苦労するケースを何度も見てきた。だったら最初から経理のフローを固めてしまえば、ストレスなく決算も迎えられる」と提案。創業時こそ作業を減らせるタイミングといい、「そのために税理士というプロを活用してもらえば、こんなにうれしいことはない」と強調する。

さらに創業時の事業計画は、銀行からの融資や国や自治体などの助成金を獲得するために重要になってくるが、経営者が一人で作るのは簡単ではない。

「融資を受けるために、いつどういう数字を銀行に持っていったらいいのかということが、

あらかじめ分かっていれば対策ができる」と税理士の活用を勧める。また、助成金の申請などにはさまざまな書類や資料を用意する必要がある。「自分で申請したときに落とされてしまって、やはり申請を書くポイントがあるのだと思い、労力をかけてももらえなかったら意味がないので、多少コストをかけてでも専門でやっている行政書士などに頼るのが結果的にはいい」とアドバイスする。

スタートアップに対する幅広いサポートをするため、西澤は行政書士や司法書士、弁護士、社労士などと「何度も定期的に会って、一緒に仕事をしているので、自信を持ってご紹介できる」という士業のネットワークを持っている。「税理士は毎月のように経営者と会う機会があるので、何かあれば気軽に相談できる窓口になって、きちんと解決できる人を紹介する役割を担える」と語る。

Purpose 3 》日本経済に貢献

西澤は、その先の目標として、税理士の働き方のイメージを変えたいという。「税理士は内向的で、内部作業に追われて、多忙だというイメージがあると思います。このイメージを逆転させ、外向的で相談の対応に追われるような税理士像にしたい」と語る。

税理士はＡＩが進化すると仕事を奪われるといわれるが、「逆に経理処理などの作業はＡＩに任せられるようになれば数字を作る作業が削減され、作った数字を活用して投資計画や税金対策に時間を使えるような作業フローに改善できる。そうすれば、本当に経営者の相談役であり提案者であり、パートナーである職業となれる。そうなるのであれば、ＡＩの発展は大歓迎」と語る。

ただ、従前のような税務処理の作業だけで顧問料がもらえる現状は続かないといい、「業界的にも企業のために動くというスタンスで一歩進んだサービスを提供していかないと現状維持すら難しい」と危機感を持っている。だが、「税理士は、一般の人では対応できない専門的な税務の知識を持っているので、企業に対してさまざまな提案ができる。例えば資金繰りや納税シミュレーションなど中小企業の経理のDX化など、税理士だからこそ顧問先に対して貢献できることを一つ一つ見つけて、サービスとして提供していければ、税理士も顧客も、お互い成長できるやりがいのある世界が広がっていく」と期待もしている。

また、税理士試験の受験者数が減っていることを危惧して、税理士を魅力のある仕事として、発信することにも力を入れている。「税理士は、企業の外からの視点で、客観的に経営者をサポートするという立場で、さまざまな経営者と関わることができる。それぞれの職の魅力や問題点や可能性を話してもらえるのは、税理士ならではの楽しみ

だし、つながりそうな経営者がいれば、紹介することもできる。税理士にはまだまだできることがあって、それで企業が元気になれば、ひいては日本経済の活性化に貢献することになるのではないか」と目を輝かせる。

キーワード》実行こそ最善

西澤は、座右の銘として「実行こそ最善」という言葉を挙げた。

「独立して感じたのが、自分が何かをしない限り、周りから自然にチャンスがやってくることはないということ。何かをすれば、失敗も成功もあるけど、どちらにしろ経験になるので、とにかく動くことが大事だという意味です」と解説する。税理士として活動していく中でも「新規のお客様からのご依頼や問い合わせもそうですが、待っていても誰も来るわけがないので、まず自分が動くことで、その波紋が広がって、周りの動きにつながっていくということをすごく感じました」といい、「経営者から相談されたら、とりあえずやるかやらないか迷っているなら、やってみて判断したらいい、とアドバイスしています」と語った。

猪狩 淳一（いがり・じゅんいち）

1968年、埼玉県生まれ、福島県出身。慶應義塾大学卒業後、毎日新聞記者に。京都支局在任中に同志社大学大学院総合政策科学研究科修了。その後、インターネット黎明期からデジタルメディアを担当し、毎日新聞デジタル（現MANTAN）取締役総編集長などを経て、2023年からソーシャルアクションラボ編集長。

ソーシャルグッドビジネス最前線
～サステナブル経営の道しるべ～

印　　刷　2023年5月27日
発　　行　2023年5月31日

著　　者　猪狩淳一

発 行 人　小島明日奈
発 行 所　毎日新聞出版
〒102-0074 東京都千代田区九段南1-6-17 千代田会館5階
営業本部　03(6265)6941　企画編集室　03(6265)6731
印刷・製本　精文堂印刷株式会社

ISBN978-4-620-55014-5